Der, Die, Das

Sekrety niemieckich rodzajników

Constantin
Vayenas

Der, Die, Das: Sekrety niemieckich rodzajników
Autor: Constantin Vayenas
Tłumaczenie: Aleksandra Piasecka
Korekta: Natalia Siejko

ISBN 978-3-9524810-7-3

Pozycja katalogowa niniejszej książki jest dostępna w katalogu „Schweizer Buch" Szwajcarskiej Biblioteki Narodowej (www.nb.admin.ch).

www.der-die-das.ch

Der, Die, Das: Die Geheimnisse des deutschen Genus *(polnische Übersetzung)*

Autor: Constantin Vayenas
Aus dem Englischen übersetzt von Aleksandra Piasecka.

ISBN 978-3-9524810-7-3

Ein Katalogisat dieses Buches ist von der Schweizerischen Nationalbibliothek in den Katalogen Schweizer Buch und Helveticat erhältlich. Beide Kataloge sind online (www.nb.admin.ch) zugänglich.

www.der-die-das.ch

Der, Die, Das: The Secrets of German Gender *(Polish translation)*
Author: Constantin Vayenas
Translation: Aleksandra Piasecka

ISBN 978-3-9524810-7-3

A catalogue record of this book is available from the Swiss National Library in the catalogue Schweizer Buch (www.nb.admin.ch).

www.der-die-das.ch

Spis treści

Wstęp

Obcokrajowcy pragnący dobrze władać językiem niemieckim napotykają wyzwanie — często nie znają właściwego rodzaju gramatycznego. To całkiem spory problem zważywszy, że rzeczowniki stanowią ponad 70 procent słów w tym języku[1]. Jeśli weźmiemy do tego pod uwagę, iż wszystkie rodzajniki — *der*, *die*, *das* — są łącznie najczęściej występującymi wyrazami w języku niemieckim[2], to niezdolność poprawnego posługiwania się nimi i wynikający stąd brak biegłości w mówieniu będą irytować. Osoby uczące się języka niemieckiego jako obcego wiedzą, że chociaż spędziły wiele godzin, szlifując swoje umiejętności, błędny wybór rodzaju gramatycznego nada ich słowom charakter wypowiedzi osoby niewykształconej i odciągnie uwagę słuchacza od głównego przesłania.

Dlaczego opanowanie trzech rodzajów rzeczownika stanowi tak duży problem dla użytkowników nienatywnych języka niemieckiego? Dzieje się tak przede wszystkim dlatego, że nikt wspomnianego tematu nie uczy. Książki do niemieckiej gramatyki unikają go, gdyż nie są słownikami i nie definiują znaczenia wyrazów, a ich autorzy nie widzą swojej roli w wyjaśnianiu związku pomiędzy rzeczownikiem a jego rodzajem. Zadanie to zostawiają komuś innemu, trzymając się swojej specjalizacji. Ilustruje to czterystustronnicowa książka do gramatyki, w której na samym początku zamieszczono radę, aby nie starać się nauczyć zasad dotyczących rodzaju, ale „przy każdym poznawanym rzeczowniku zapamiętywać jego rodzajnik określony".[3] Już Mark Twain w XIX wieku, zgłębiając tajniki niemczyzny, spotkał się z powyższym podejściem: „Każdy rzeczownik ma swój rodzaj, który trzeba oddzielnie zapamiętać, ponieważ w sposobie nadawania rzeczownikom rodzajów gramatycznych brakuje sensu i jakiegoś odgórnego systemu. Nie ma więc innej drogi".[4]

Zasadniczo więc mówi się uczniom, starającym się zmierzyć z problemem rodzaju rzeczownika w języku niemieckim, aby opanowali słownik na pamięć. To twarde i wymagające przesłanie stanowi pokłosie poglądu wyrażanego przez nauczycieli przekonanych, że przyporządkowanie rzeczowników do rodzajów gramatycznych następuje w sposób przypadkowy.[5] Gdyby tak właśnie było, nie istniałyby żadne wytyczne, z którymi warto by było zapoznać swoich uczniów.

Nastała jednak epoka komputera, a wraz z nią pojawiła się możliwość przetwarzania ogromnych ilości danych. Lingwiści przystąpili do analizowania słownika języka niemieckiego za pomocą oprogramowania użytkowego i pisania dysertacji doktorskich na temat otrzymanych wyników. Ich praca przyniosła przełomowe odkrycia, udowodniając, że związku pomiędzy rodzajem gramatycznym a rzeczownikiem nie należy postrzegać jako zupełnie arbitralnego.[6] Im uważniej przyglądano się analizowanemu zagadnieniu, tym więcej związków wychodziło na jaw.

Niestety, wniosków tych nie włączono do klasycznych podręczników niemieckiej gramatyki, ponieważ, jak wspomniano wcześniej, kwestii rodzaju nie postrzega się jako należącego do zakresu tematycznego podobnego typu publikacji. W rezultacie nauczycielom języka niemieckiego brakuje wystarczającej świadomości występowania związków między rodzajem gramatycznym a rzeczownikiem, zatem nie uczą tego swoich podopiecznych, a więc osób, które mogłyby najbardziej skorzystać z rzeczonej wiedzy. Nauczyciele języka niemieckiego oczywiście potrafią poprawnie używać *der*, *die* lub *das* przed rzeczownikami, ale chodzi o ewentualność, że nikt dotychczas nie przybliżył im reguł rządzących rodzajem. A stanowią one zupełnie odrębny temat, są jak wiedza z zakresu historii słów. Tylko bardzo nieliczni znają etymologię poszczególnych wyrazów. Na przykład jeśli mielibyśmy komuś wyjaśnić, dlaczego „masarz" w znaczeniu „producent wędlin" pisze się przez „rz", a „masaż" rozumiany jako „zabieg leczniczy" przez „ż", lub też dlaczego „zamarzać (z zimna)" wymawiamy inaczej niż „zamarzać (kogoś głodem)", często nie potrafilibyśmy tego zrobić. Po prostu większość z nas wie, jak napisać te wyrazy oraz jak je wymówić. Podobna sytuacja ma miejsce w przypadku rodzimych użytkowników języka niemieckiego: nie wiedzą, *dlaczego* dany rzeczownik ma dany rodzaj gramatyczny, więc nie potrafią nam tego wytłumaczyć. Ich przesłanie do nas brzmi: „Nie pytaj »dlaczego?«, tylko po prostu zapamiętaj".

Zalecenie, aby nauczyć się rodzaju gramatycznego na pamięć, wskazuje na drugą trudność wiążącą się z poznawaniem języka niemieckiego przez obcokrajowców. Jeśli uczniowie nie poznają zasad rządzących przypisywaniem rodzajów do rzeczowników z podręczników gramatyki, muszą przyswoić sobie tę wiedzę w jakiś inny sposób. W przypadku niemieckojęzycznych dzieci tym sposobem jest zanurzenie się w rzeczywistość swojego rodzimego języka, czyli coś zupełnie naturalnego. Przed ukończeniem drugiego roku życia potrafią one już rozróżnić rodzaje rzeczowników, przy czym wolą używać rodzajników nieokreślonych (*ein/eine*) zamiast określonych (*der/die/das*).[7] Zanim osiągną wiek pięciu lat, umieją całkiem biegle posługiwać się rodzajem gramatycznym, aczkolwiek unikają lub pomijają rodzajnik określony w sytuacjach, kiedy nie są pewne jego właściwego wyboru. Niemiecki siedmiolatek, któremu w teście przedstawi się wymyślone rzeczowniki, aby zobaczyć, jak na nie zareaguje, przyporządkuje je zwykle do tych samych rodzajów, co dorosły poddany identycznemu sprawdzianowi.[8] Natomiast niemieckojęzyczne dziesięciolatki rodzaj gramatyczny mają już zasadniczo opanowany.

Wynika stąd, że lata kontaktu z językiem zaprogramowały mózg rodowitych Niemców do właściwego przypisywania rzeczownikom ich rodzajów. Nasi sąsiedzi zza Odry nie mają pojęcia, dlaczego umysł podpowiada im użycie danego rodzaju gramatycznego w odniesieniu do zmyślonych słów, przy czym jest to rodzaj wskazany też przez większość ankietowanych — oni po prostu tak czują. Nie potrafią wytłumaczyć, co warunkuje dany rodzaj, ale z całą pewnością wiedzą, jaki on powinien być.

Książka trzymana właśnie przez czytelnika pozwala poznać odpowiedzi na pytania towarzyszące kwestii rodzaju gramatycznego: *jaki* i *dlaczego*, tzn. odkryć „kodowanie", za pomocą którego mózg rodzimego użytkownika języka niemieckiego odgaduje rodzaj sztucznych słów. Zastosowano tu więc podejście jak w inżynierii wstecznej: jeżeli wiadomo, co determinuje rodzaj niemieckich rzeczowników, to istnieje większe prawdopodobieństwo określenia poprawnego rodzaju nowych lub nieznanych słów. Jednakże należy pamiętać, że z całą pewnością nie jest to sposób, w jaki rodowici Niemcy przyswoili sobie rodzaj swoich rzeczowników – oni nigdy nie musieli znać zasad „kodowania", przypisującego np. „dziewczynie" – *Mädchen*, rodzaj inny niż żeński. To nie jest wiedza, którą przekazywano im w domu lub w szkole w podręcznikach do gramatyki. Ale skoro jako dziecko nie mieliśmy podobnie intensywnego kontaktu z językiem, nie mówiąc już o wielu godzinach spędzonych na późniejszym jego doskonaleniu, i skoro wizja uczenia się na pamięć rodzaju każdego rzeczownika ze słownika nie wydaje nam się pociągająca, najlepsze rozwiązanie stanowi przyjrzenie się zasadom tego „kodowania". Opiera się ono na założeniu, że rodzaj niemieckich rzeczowników został ukształtowany przez zastosowanie dwóch głównych reguł: *kategorii* oraz *dźwięków*.

Zasada 1: Kategorie

Rzeczowniki należące do tych samych *kategorii rzeczy* mają przeważnie ten sam rodzaj. Np. nazwy kolorów, lekarstw i substancji chemicznych zostały w znacznej mierze przyporządkowane do rodzaju nijakiego; liczby, nazwy kwiatów i owoców — żeńskiego, a pory roku, dni i tygodnie posiadają rodzaj męski. Zatem wiedząc, że niemalże wszystkie napoje są rodzaju męskiego, dysponuje się kluczem do odgadnięcia rodzaju gramatycznego cappuccino, herbaty rooibos, wina ze szczepów Merlot oraz soku jabłkowego.[9]

Znaczenie zasady kategorii znajduje odzwierciedlenie w fakcie, iż rzeczowniki określające coś nowo powstałego przybierają najczęściej rodzaj słów o podobnym znaczeniu. Na przykład kiedy wynaleziono telefon komórkowy, przypisano mu rodzaj nijaki, *das Handy*, ponieważ należał do tej samej kategorii co *das Telefon.*

Kategorie niezwykle silnie wskazują na dany rodzaj. Do tego stopnia, że można nawet wyróżnić pewne cechy wspólne charakteryzujące każdy z nich. Rodzaj nijaki to rodzaj kategorii obejmujących większość zasadniczych elementów natury (atomy, molekuły, elektrony, neutrony oraz życie jako takie, *das Leben*). Nic zatem dziwnego, że rodzaj ten posiadają także niemal wszystkie pierwiastki w układzie okresowym. Pojęcia fizyczne również łączą się z rodzajem nijakim, co widać na przykładzie jednostek pomiaru: *das Ampere, das Ohm, das Watt, das Volt, das Newton, das Celsius, das Fahrenheit, das Kelvin, das Kilogramm.* Ponadto rodzaj nijaki pojawia się przy nadrzędnych kategoriach rzeczy fizycznych, jak np. „wszechświat" lub „zwierzę". Dlatego też na szczycie piramidy wyrazów danej grupy znajduje się rzeczownik rodzaju nijakiego, np. *das Tier*, poniżej którego umieszczono nazwy poszczególnych przedstawicieli królestwa zwierząt. To trochę tak, jakby najpierw pojawił się rodzaj nijaki, dopiero potem zaś wszystko inne.

To zjawisko można również zilustrować za pomocą diagramów Venna, tj. schematu z wykorzystaniem kół często uczonego w szkołach. Jeśli mielibyśmy zastosować diagramy Venna do zobrazowania rodzaju gramatycznego w języku niemieckim, rodzaj nijaki stanowiłby z reguły zewnętrzne koło zawierające wszystko pozostałe.

Jak można zobaczyć na Ilustracji 1, podczas gdy rodzaj nijaki zwykle stanowi największe koło w danej kategorii, części składowe wewnątrz tego koła zawierają wiele różnych rzeczowników, z których każdy ma swój własny rodzaj, w tym także nijaki.

Ilustracja 1: Rodzaj nijaki wyróżnia największe zbiory rzeczy

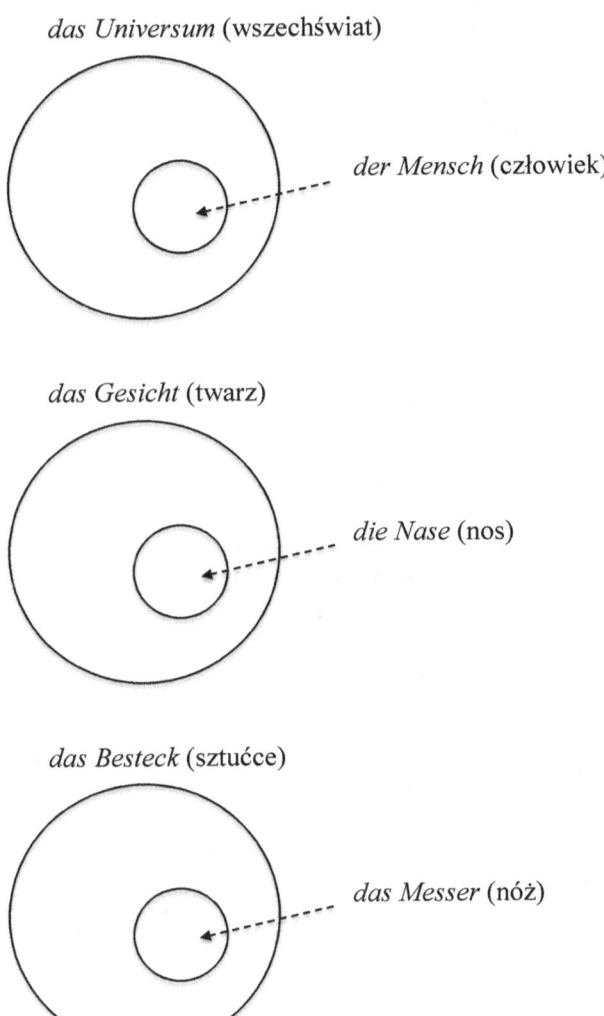

das Universum (wszechświat)

der Mensch (człowiek)

das Gesicht (twarz)

die Nase (nos)

das Besteck (sztućce)

das Messer (nóż)

Rodzaj nijaki posiada również wiele innych właściwości. Odgrywa olbrzymią rolę przy tworzeniu zdrobnień, będąc ich domyślnym rodzajem gramatycznym bez względu na rodzaj pierwotnego rzeczownika. Kiedy w języku niemieckim Jan staje się małym Jasiem, zmienia swój rodzaj gramatyczny na nijaki: *das Hänschen klein, das Büblein*. Z tego powodu nawet małej dziewczynce przypisuje się rodzaj nijaki (*das Mädchen*).

Zdolność rodzaju nijakiego do ujednolicania rodzajów rzeczowników przejawia się także we wpływie wywieranym przez niego na wyrazy obce, które przeszły do języka niemieckiego. Wiedząc to, można samemu odkryć rodzaj gramatyczny takich zapożyczeń w języku niemieckim jak *Jogging, Tennis, Poker* oraz *Croissant* – wszystkie poprzedza rodzajnik *das*.

Jeśli zapożyczenie jest rodzaju innego niż nijaki, wynika to z faktu, że istnieje już dla tego słowa rodzimy niemiecki synonim mający odmienny rodzaj. Kategorie służą uproszczeniu, a najmniej problemów nastręcza umieszczenie wyrazu pochodzenia obcego w kategorii już istniejącej.

Rodzaj nijaki ma również tę wyjątkową właściwość, że stanowi rodzaj ostatniego wyboru – domyślną opcję, po którą sięga się, chcąc wyrazić „ten", „ta" lub „to" bez uściślania, o co dokładnie chodzi. Na przykład można powiedzieć „Was ist denn *das*?" lub „*es* hat mich gefreut", przy odnoszeniu się do rzeczy, osoby lub sytuacji mających jakikolwiek rodzaj gramatyczny, ponieważ użycie zaimka rodzaju nijakiego pozwala uniknąć dookreślania, co konkretnie mamy na myśli, nawet jeśli jest to w jakiś sposób dorozumiane. Niemniej jednak w chwili doprecyzowania, o jaki rzeczownik chodzi, powyższe rozwiązanie przestaje spełniać swoją rolę i konieczne jest już posłużenie się właściwym rodzajem.

Przejdźmy teraz do cech charakterystycznych dla rzeczowników rodzaju żeńskiego i męskiego. Różnią się one między sobą.

Prawie połowa rzeczowników w języku niemieckim ma rodzaj żeński.[10] Biorąc pod uwagę ten wysoki wskaźnik występowania, można powiedzieć, że statystycznie rzecz biorąc

– niemieckie rzeczowniki są w przeważającej części rodzaju żeńskiego, a dopiero w drugiej kolejności jakiegoś innego: około 30 procent ma rodzaj męski, a mniej więcej 20 – nijaki. Rodzaj żeński jest faktycznie do tego stopnia dominujący, że kiedy pięcioletnie dziecko popełnia błąd w wyborze właściwego rodzaju gramatycznego, zwykle nadużywa *die*, co jasno dowodzi, że słyszy go częściej niż *der* i *das*.[11]

O ile rodzaj nijaki wykazuje silne powiązania z namacalną rzeczywistością, o tyle rodzaj żeński pojawia się zwykle przy bardziej abstrakcyjnych terminach. Jest to więc rodzaj cyfr, matematyki, niektórych kształtów, zachowań, logiki, miłości, a nawet magii. Związek z numerami nadaje mu prawo przekształcania rzeczowników liczby pojedynczej w pojęcia oznaczające liczbę mnogą, stąd np. *die Mannschaft*, choć posiada liczbę pojedynczą i rodzaj żeński, może odnosić się także do drużyny męskiej.

Badaczy od dawna intrygowało, co dokładnie wyróżnia rzeczowniki poszczególnych rodzajów. Kiedy pod koniec XIX wieku niemieccy językoznawcy zaczęli publikować studia na temat różnic pomiędzy rzeczownikami żeńskimi i męskimi, nieuchronnie sięgnęli po najstarsze dostępne im źródła, a zatem pisma greckie i łacińskie.[12] Oba starożytne języki odcisnęły swoje piętno na niemczyźnie, stąd właśnie posiada ona trzy rodzaje.

Analizując problem rodzaju gramatycznego, można na przykład zadać pytanie, dlaczego niemieckie określenie polowania – *Jagd*, zostało przyporządkowane do rodzaju żeńskiego? Czyż w czasach, kiedy ludzie mieszkali w jaskiniach, nie było to zajęcie typowo męskie? Przecież nawet obecnie tak właśnie postrzega się stereotypowo myślistwo.

Przy poszukiwaniu odpowiedzi w językach klasycznych, da się zauważyć pewne zależności. Czy to przypadek, że zarówno Grecy, jak i Rzymianie czcili boginię, a nie boga myślistwa, zwaną odpowiednio Artemidą lub Dianą? Nawet jeśli polowaniem zajmował się mężczyzna, bywało, że wracał ze swojej wyprawy z pustymi rękami, nie zdobywszy jedzenia dla rodziny. Dlatego też należało okazywać szacunek bogini polowania — to ona doglądała łowów (*die Jagd*). Ona przebywała w dzikich ostępach (*die Wildnis*) podczas poszukiwań (*die Suche*) pożywienia (*die Nahrung, die Speise, die Kost*). Ona pomagała, gdy zapadała ciemność (*die Finsternis*) oraz kiedy trzeba było ratować się ucieczką (*die Flucht*) przed niebezpieczeństwem (*die Gefahr*). Biorąc pod uwagę tę wielką władzę (*die Macht*), wydaje się oczywiste, że wyraz określający polowanie musiał mieć nadany rodzaj żeński!

Przypuszczalnie nasi praprzodkowie nie chcieli narażać się bogom wojny, wina, bogactwa, snu, marzeń, nieba, oceanu, wiatru oraz śmierci — *der Krieg, der Wein, der Reichtum, der Schlaf, der Traum, der Himmel, der Ozean, der Wind, der Tod*, dlatego też bezpieczniej było im uznać istnienie bogiń miłości, piękna, mądrości, sprawiedliwości, siły, nocy, magii, sztuki, nauki, poezji, muzyki, tragedii, hymnów, komedii i astronomii — *die Liebe, die Schönheit, die Weisheit, die Gerechtigkeit, die Gewalt, die Nacht, die Magie, die Kunst, die Wissenschaft, die Poesie, die Musik, die Tragödie, die Hymne, die Komödie, die Astronomie*.

Oczywiście plemiona germańskie także miały swoje własne doświadczenia, które w sposób niepowtarzalny kształtowały ich język. Pomimo faktu, że starożytni Grecy i Rzymianie czcili boga słońca, a słowo „słońce" do dziś zachowało rodzaj męski w języku greckim, francuskim, hiszpańskim i portugalskim, Germanie woleli rzeczownik rodzaju żeńskiego: *die Sonne*. Czy miało to związek z Sunną, germańską boginią słońca, siostrą księżyca, *der Mond*?

Mądrość w starożytnej grece i łacinie jest rzeczownikiem rodzaju żeńskiego. Grecki rzeczownik oznaczający mądrość brzmi „sophia", a *umiłowanie mądrości*, czyli filozofia, posiada rodzaj żeński zarówno w języku greckim, jak i niemieckim. Można też przywołać tu postać żeńskiej personifikacji sprawiedliwości z opaską na oczach. Nie powinno więc dziwić, że wiedza i mądrość stanowią w języku niemieckim żeńską kategorię. Mamy zatem: *die Art, die Besonnenheit, die Bildung, die Einsicht, die Gerechtigkeit, die Intelligenz, die Justiz, die Kenntnis, die Klugheit, die Kunst, die Methode, die Methodik, die*

Philosophie, die Ratio, die Sorgfalt, die Technik, die Technologie, die Umsicht, die Vorausschau, die Voraussicht, die Vorsicht, die Vernunft, die Weise, die Weisheit, die Weitsicht.

Dalsze badanie różnic pomiędzy żeńskimi i męskimi rzeczownikami w języku niemieckim dowodzi, że abstrakcyjne rzeczowniki rodzaju żeńskiego konotują zwykle większy stopień uległości, podczas gdy abstrakcyjne rzeczowniki rodzaju męskiego odnoszą się do bardziej agresywnych cech.[13]

Na dowód tego twierdzenia mogą posłużyć: odwaga (*der Mut*), pycha (*der Hochmut*), zarozumiałość (*der Übermut*) i błąd (*der Irrtum*) – wszystkie mają rodzaj męski. Natomiast rzeczowniki, które kojarzylibyśmy z cechami Kopciuszka– należą do rodzaju żeńskiego: pokora (*die Demut*), cierpliwość (*die Geduld*), dobroć (*die Gutherzigkeit*) oraz ubóstwo (*die Armut*). Bieda może przyczynić się do wielu trosk: *die Angst, die Sorge, die Besorgnis*. Nie zapominajmy także o rzeczownikach określających cechy przyrodnich sióstr Kopciuszka, dziewcząt, którym nieobce były: zazdrość (*die Eifersucht*), brzydota (*die Hässlichkeit*), znęcanie się (*die Misshandlung*), okrucieństwo (*die Grausamkeit*) oraz podłość (*die Gemeinheit*).

Niemniej jednak rodzaj żeński łączy się też z prawdziwą siłą: *die Kraft, die Macht, die Leistung, die Energie, die Stärke, die Festigkeit, die Belastbarkeit, die Gewalt, die Befugnis* (uprawnienie), *die Wucht* (impet), *die Potenz, die Mächtigkeit, die Herrschaft* (zwierzchnictwo), *die Vollmacht* (pełnomocnictwo), *die Behörde, die Autorität, die Regierung, die Kontrolle* (nadzór), *die Steuerung* (zarządzanie).

Natomiast rzeczowniki rodzaju męskiego wyraźniej wskazują na siłę fizyczną. W świecie przyrody rodzaj ten posiadają duże, budzące lęk zwierzęta: *der Dinosaurier, der Elefant, der Gorilla, der Orang-Utan*, natomiast gatunki mniejsze i mniej przerażające (*die Maus*) lub pełne gracji (*die Giraffe*) mają przyporządkowany rodzaj żeński. Dowodzi to, że rodzaj gramatyczny ma odniesienia do formy i kształtu.

Rozwijając dalej ten temat, zauważamy, że wydłużone kształty są rodzaju męskiego, np. strzały (*der Pfeil*), słupy (*der Pfahl*), filary i kolumny (*der Pfeiler*), słupki (*der Pfosten*), maszty (*der Mast*), kije i pręty (*der Stab*), kijki (*der Stecken*), laski (*der Stock*), pnie drzewa (*der Stamm*) i łodygi (*der Stiel*). Natomiast płaskie powierzchnie mają zwykle rodzaj żeński: ściany, drzwi, sufity, tablice, równiny itp. – *die Fläche, die Ebene, die Wand, die Mauer, die Tafel, die Decke, die Tür, die Seite, die Flanke, die Platte*. Rodzaj żeński posiadają także przedmioty o wydrążonych formach: pudełka, puszki, pojemniki, jaskinie, bębny, rury, tuby – *die Büchse, die Box, die Dose, die Höhle, die Schachtel, die Trommel, die Tube, die Röhre*. Ponadto ostre kształty (igły, widelce, szczypce, nożyczki, pazur i szpony) są zazwyczaj rodzaju żeńskiego: *die Nadel, die Gabel, die Zange, die Schere, die Klaue, die Kralle*.

Jak przy spadku podzielonym pomiędzy synów i córki, chłopcy dostali znaczną część nieba: sklepienie, planety, księżyce i gwiazdy; dziewczęta natomiast otrzymały słońce, ziemię i planetę Wenus.

Na koniec tej części wstępu warto zaznaczyć, że kiedy niemiecki rzeczownik na pozór powinien pasować do danej kategorii, a tak się nie dzieje, należy zastanowić się, czy przypadkiem nie ma ona struktury kontinuum bądź hierarchii. Weźmy na przykład czas: najkrótsze przedziały czasowe są rodzaju żeńskiego: *die Zeit, die Uhr, die Stunde, die Minute, die Sekunde*; najdłuższe okresy mają rodzaj nijaki: *das Jahr, das Jahrzehnt* (dekada), *das Jahrhundert* (wiek), *das Jahrtausend* (milenium); fazy pośrednie przyjmują natomiast rodzaj męski: *der Tag, der Monat*. Jeśli rzeczownik w dalszym ciągu nie przystaje do danej kategorii, jak ma to miejsce w przypadku *die Woche, die Dekade, die Epoche*, trzeba posłużyć się innym kluczem do odgadnięcia zagadki jego rodzaju – chodzi mianowicie o Zasadę 2 *Dźwięki*.

Zasada 2: Dźwięki

Rzeczowniki zaczynające się od pewnych liter, mające określoną końcówkę, podobne głoski nosowe *lub* samogłoski – wyróżniają się często jednym rodzajem. Ta reguła stanowi więc uzupełnienie Zasady 1 *Kategorii* : podobnym rzeczom przydzielony zostaje identyczny rodzaj gramatyczny. Występowanie trzech rodzajów od zawsze miało jeden cel – ułatwienie komunikacji członkom plemienia, ponieważ jasność wypowiedzi pomagała przetrwać. Kiedy w średniowiecznej kuchni oświetlonej płomieniem świec, ktoś prosił o podanie łyżki, nie chciał otrzymać noża.

Posługiwanie się właściwym rodzajem dawało większą szansę na poprawne zrozumienie wiadomości przez odbiorcę. Stąd nie powinno chyba budzić większego zdziwienia, że rzeczowniki mające określone głoski zwykło się łączyć z jednym rodzajem. Rzeczowniki zakończone na -*e* w 90 procentach przypadków mają rodzaj żeński, te kończące się na -*ie* to rzeczowniki żeńskie w 95 procentach, w 93 procentach rzeczowniki z końcówką -*ur* są rodzaju żeńskiego, a końcówka -*ucht* oznacza rodzaj żeński dla 64 procent rzeczowników. Z kolei końcówka -*ich* konotuje rodzaj męski dla 81 procent rzeczowników, -*ett* nijaki dla 95 procent, a rzeczowniki kończące się na -*ier* mają rodzaj nijaki w 60 procentach przypadków.[14]

Spróbujmy teraz zastosować powyższe twierdzenie i sprawdzić, dokąd nas zaprowadzi. Załóżmy, że trzeba ustalić rodzaj gramatyczny wyrazu *Spur* (ścieżka/pas ruchu/ślad). Dysponując informacją, że 93 procent rzeczowników z końcówką -*ur* jest rodzaju żeńskiego, zasadniczo odpowiedź już mamy. Jeżeli zaś chcielibyśmy uzyskać jeszcze większy stopień pewności, możemy zbadać, czy Zasada 1 *Kategorie* będzie nam tu pomocna. Jakie rzeczowniki oznaczają to samo, co ścieżka, pas ruchu lub ślad? Są to: *die Strasse, die Allee, die Route, die Bahn, die Autobahn, die Piste, die Schiene, die Strecke*. Teraz sytuacja wydaje się jeszcze oczywistsza. Wymieniona lista żeńskich rzeczowników przeważa nad dwoma synonimami rodzaju męskiego: *der Weg, der Pfad*. Jeśli wybralibyśmy opcję *die Spur*, mielibyśmy więc duże prawdopodobieństwo powodzenia.

Dzięki pracy językoznawców epoki komputerów[15] posiadamy obecnie pogłębioną wiedzę na temat związków pomiędzy brzmieniem słów a ich rodzajem. Nie jest już dla nas tajemnicą, że im więcej spółgłosek na początku lub na końcu rzeczownika, tym większe szanse, że słowo ma rodzaj męski. Prawdopodobieństwo, że jednosylabowe rzeczowniki zaczynające się lub kończące na spółgłoskę, takie jak *Schlaf, Sand, Zwerg, Knall, Drall, Schlamm*, są rodzaju męskiego, wynosi 83 procent. Wystarczy pomyśleć o nastoletnich chłopcach udzielających dorosłym jednosylabowych odpowiedzi, aby pozbyć się wątpliwości co do zasadności przypisywania rodzaju męskiego takim krótkim wyrazom.

Wreszcie występują też końcówki charakteryzujące dwa rodzaje gramatyczne, co daje uczniom 50 procent szans na właściwy wybór. Te 50 procent można często jeszcze zwiększyć, stosując wskazówki z rozdziału *Kategorie*. Na przykład rzeczowniki zakończone na *-nis* mają rodzaj żeński albo męski. Świadomość większego prawdopodobieństwa, że rodzaj nijaki jest rodzajem rzeczy nieożywionych, a żeński pojęć abstrakcyjnych, pomoże uczniom odgadnąć rodzaj rzeczowników *Gefängnis* (więzienie, coś nieożywionego) oraz *Bedrängnis* (opresja, pojęcie abstrakcyjne). Domniemanie, iż prawidłowa forma brzmi *das Gefängnis*, mogłoby znaleźć dalsze potwierdzenie w obserwacji, że rzeczowniki zaczynające się na *Ge-* posiadają przeważnie rodzaj nijaki. Widzimy tu wzajemną zależność kilku sygnałów, które ułatwiają wytypowanie poprawnego rodzaju: rzeczownik zaczyna się na *Ge-* (silna determinanta rodzaju nijakiego), a kończy na *-nis* (symptom, że słowo może mieć rodzaj nijaki, o ile odnosi się do przedmiotu nieożywionego). Kierując się tą samą regułą, a mianowicie że rzeczownik abstrakcyjny z końcówką *-nis* przypuszczalnie posiada rodzaj żeński, możemy pokusić się o wybór *die Bedrängnis*.

Przejdźmy teraz do innego przykładu z grupy wyrazów zakończonych na *-nis*, próbując zgadnąć rodzaj *Kenntnis* (wiedza) oraz *Zeugnis* (referencje). Pierwsze słowo oznacza coś abstrakcyjnego, drugie zaś – konkretnego, zwykle kartkę papieru; stąd prawdopodobnie poprawne opcje to *die Kenntnis* oraz *das Zeugnis*. Naturalnie rozróżnienia nie zawsze będą takie oczywiste, niemniej jednak im bardziej jest się świadomym „kodowania" stanowiącego podstawę rozmieszczenia rodzajów gramatycznych w języku niemieckim, tym bardziej staje się ono użyteczne w odniesieniu do nowych rzeczowników, które pasują do znanych lub rozpoznawanych wzorów. Zatem już sama świadomość „kodowania" jest wartościowa, ponieważ zachęca do szukania prawidłowości, a jeśli napotkany rzeczownik nie pasuje do istniejącego wzoru, wówczas uczeń docieka, dlaczego tak się dzieje. Jego poszukiwaniom towarzyszy zaś przekonanie, że w końcu znajdzie satysfakcjonującą odpowiedź, gdyż przyporządkowanie rodzajów gramatycznych rzeczownikom nie odbywa się tak arbitralnie, jak uczono Marka Twaina.

Spróbujmy zmierzyć się z innym przykładem. Nasze zadanie polega na ustaleniu rodzajów gramatycznych trzech rzeczowników – *Gier* (chciwość), *Atelier* (pracownia), *Stier* (byk), wiedząc, że każdy z nich posiada inny rodzaj. W tym przypadku Zasada 2 niewiele wnosi, gdyż wszystkie trzy słowa mają dokładnie taką samą końcówkę. Sięgnijmy więc po Zasadę 1 i zobaczmy, czy ona nie okaże się tu bardziej pomocna. Reguła mówi, że rodzaj żeński jest typowy dla rzeczowników bardziej abstrakcyjnych, nijaki dla rzeczy nieożywionych, a męski dla tych, które nazywają przedmioty ożywione będące prawdopodobnie płci męskiej. Nie pomylimy się zatem, jeśli nasz wybór padnie na: *die Gier, das Atelier, der Stier*.
Wraz ze wzrostem świadomości istnienia związku pomiędzy rzeczownikami niemieckimi a kategoriami, uczeń odkrywa kategorie, które nakładają się na siebie, oraz poznaje dodatkowe możliwości ustalenia rodzaju gramatycznego danych wyrazów. Przypomnijmy sobie wspomniane wcześniej diagramy Venna i zajmijmy się raz jeszcze słowem *Atelier*. To zapożyczenie z języka francuskiego, a wyrazy, które przeszły do języka niemieckiego, przyjmują zwykle rodzaj nijaki, stąd duże prawdopodobieństwo, że właściwą formą jest *das Atelier*. Ponadto *Atelier* należy do kategorii rzeczy obejmującej np. *das Haus, das Zimmer, das Studio, das Gebäude, das Geschäft*, co przemawia dodatkowo za rodzajem nijakim tego wyrazu.[16] Im więcej myśli się o niemieckich rzeczownikach pod względem przyporządkowania ich do określonych kategorii, tym więcej

można dostrzec sposobów odkrycia ich poprawnego rodzaju (Ilustracja 2).

Ilustracja 2: Jak zachodzące na siebie kategorie mogą pomóc ustalić rodzaj gramatyczny rzeczowników

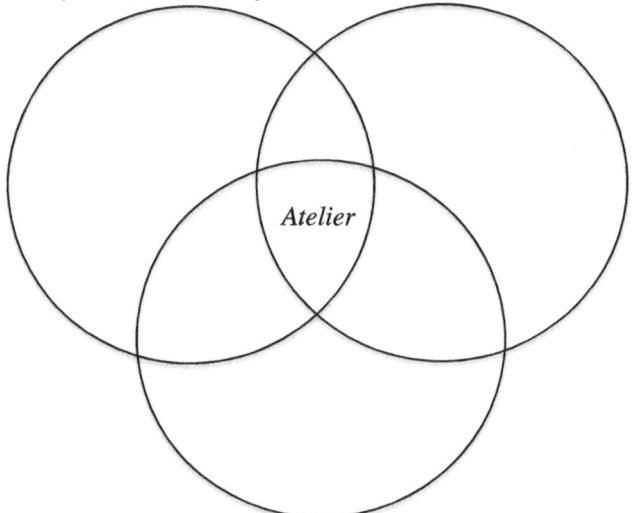

Kategoria X: zapożyczeniom nadaje się zazwyczaj rodzaj

Kategoria Y: istnieje duże prawdopodobieństwo, że synonimy *das Haus*, *das Zimmer*, *das Studio* będą posiadać rodzaj nijaki

Atelier

Kategoria Z: rzeczowniki zakończone na -*ier*, jeśli odnoszą się do rzeczy nieożywionych, w większości przypadków mają rodzaj nijaki

Czasami Zasady 1 i 2 współpracują ze sobą w pełnej harmonii, przez co wzmacniają przekonanie odnośnie do poprawnego rozstrzygnięcia problemu rodzaju gramatycznego. Trzeba być jednak świadomym, że pojawiają się też sprzeczności pomiędzy tymi regułami. Wówczas zwykle Zasada 1 *Kategorie* przezwycięża Zasadę 2 *Dźwięki*. Dlatego też kategoria Rzeki w Europie Środkowej jest w dużej mierze żeńska (*die Donau*), zaś Rzeki poza Europą Środkową męska (*der Nil*), bez względu na głoski pojawiające się w obrębie nazw przypisanych do poszczególnych grup. Niemniej jednak zdarzają się również sytuacje, gdy określony dźwięk tak ściśle łączy się z danym rodzajem, że Zasada 2 bierze górę nad Zasadą 1. Na przykład końcówka -*erei* prawie zawsze determinuje rodzaj żeński, bez względu na to, jaki rodzaj wskazywałaby kategoria danego rzeczownika. Jednym słowem, w przypadku wyrazów kończących się na -*erei*, Zasada 2 prawdopodobnie uzyska nieczęstą przewagę. Weźmy pod uwagę inną sytuację, gdy Zasada 2 *Dźwięki* pokonuje Zasadę 1 *Kategorie*. Już wiemy, że im więcej spółgłosek występuje na początku i na końcu rzeczownika, tym większe szanse, że posiada on rodzaj męski. Można to zaobserwować w przypadku słowa *Pfirsich* (brzoskwinia). Choć w kategorii Owoce znacząco dominuje rodzaj żeński, ten konkretny rzeczownik jest po prostu zbyt przeładowany spółgłoskami, aby pasować do żeńskiej kategorii: stąd mamy *der Pfirsich* według Zasady 2.

Musimy zdawać sobie sprawę, że kiedy końcówka wydaje się nie pasować do reguły, prawdopodobnie w grę wchodzą jeszcze inne czynniki. Na przykład rzeczownik może stanowić skrót, a skróty i akronimy przyjmują rodzaj pełnych wyrazów, z których się wywodzą: dlatego też *die Lokomotive* z głoską -*e* skraca się do *die Lok*, pozbawioną już tej końcówki. Tym samym rodzaj żeński w *die Lok* może zbić z tropu, jeśli napotka się go po raz pierwszy.

Ze współczesnej perspektywy niektóre wyjątki zdają się być pozbawione sensu. Na przykład zdziwienie budzi fakt, że nóż, widelec i łyżka – podstawowe przybory kuchenne i ważne elementy zastawy stołowej mają w języku niemieckim różne rodzaje. Niemniej jednak poznanie historii danych słów rzuca nowe światło na ich rodzaj gramatyczny.

Zacznijmy od noża: metale, a także broń jako kategoria, przyjmują rodzaj nijaki. Do tej grupy będzie należał też miecz (*das Schwert*) – czyli długie metalowe ostrze służące do cięcia. Czy zatem powinniśmy czuć się zdziwieni faktem, że *das Messer*, małe metalowe ostrze do cięcia, ma również rodzaj nijaki? Zajmijmy się teraz widelcem: wiąże się on bardziej z damskim sposobem na jedzenie. Maria Antonina nie musiała zdejmować rękawiczek podczas posiłku, ponieważ posługiwała się widelcem. Ten niemiecki rzeczownik (*Gabel*) miewał niegdyś dwie końcówki żeńskie -*a* oraz -*e*. Przeciętny użytkownik języka nie ma o tym dzisiaj żadnego pojęcia. Każdy rzeczownik ma jednak swoją historię i kontekst, których my najczęściej nie znamy, a które wpływają na rodzaj danego rzeczownika i sprawiają, że nie jest on zjawiskiem zupełnie przypadkowym. Wyraz *Gabel* łączy się z tą samą kategorią co *die Forke* (widły). Można też wyróżnić jeszcze inną częściowo pokrywającą się kategorię, w przeważającej mierze żeńską, tj. Ostre kształty (np. *die Nadel*, igła).[17] Mając na względzie ten bogaty rodowód, zaczyna się widzieć sens w przyporządkowaniu widelca do rodzaju żeńskiego – *die Gabel*. Na koniec pozostał nam jeszcze do przeanalizowania przypadek łyżki. O ile eleganckiemu spożywaniu posiłków sprzyja używanie widelca, o tyle siorbanie za pomocą łyżki z pewnością już nie. Widzimy więc, że łyżka ma w sobie coś nieokrzesanego, posiada zatem rodzaj męski – *der Löffel*.

Znając tło rodzaju gramatycznego każdego z trzech rzeczowników nazywających sztućce, łatwiej można zapamiętać, iż są to: *das Messer, die Gabel, der Löffel*. Nawet jeśli w pamięci utkwi nam tylko jedna z trzech historii, mamy sto procent pewności, że posłużymy się zawsze właściwym rodzajem dla tego jednego przyboru, którego historię sobie przypomnimy.

Ciągle jednak jesteśmy pozostawieni z pytaniem *dlaczego*? Jaki jest cel istnienia trzech rodzajów gramatycznych? Czy nie wystarczyłby nam jeden? Jeżeli np. w języku angielskim funkcjonuje tylko jeden rodzajnik określony, *the*, z jakiego powodu niemiecki potrzebuje ich tak wiele? Ogólne założenie mówi, że jeśli coś przetrwało tyle wieków, musi mieć dużą wartość. Zasadnicza rola rzeczowników niemieckich polega na dodaniu *precyzji* w komunikacji. Każdy, kto kiedykolwiek spróbował na poważnie zrobić tłumaczenie z języka angielskiego na niemiecki, zdaje sobie sprawę, że niemiecki – język Einsteina – odznacza się większą dokładnością niż angielski. Przetłumaczenie zaimka *it* na niemiecki wymaga natychmiastowego ustalenia, czy chodzi o *er, sie, es, ihn, ihm, ihr, der, die* czy *das*. Wydaje się ponadto, że w języku niemieckim większy stopień ścisłości odgrywa istotniejszą rolę niż w angielskim, gdyż niemieckie zdania są przeciętnie znacznie dłuższe niż angielskie (o około 20 procent), a ponadto ich czasownik stoi zwykle na samym końcu, daleko od podmiotu. W sytuacji, gdy zdania są dłuższe, a czasownik dzieli od podmiotu wiele innych słów, uniknięcie nieporozumienia odnośnie do tego, kto coś zrobił i komu, a także z kim i kiedy, wymaga bardziej jednoznacznych przedimków. Nic zatem nie wskazuje na to, aby Niemcy mieli w najbliższej przyszłości porzucić swoje rodzaje.

Jak zatem czytelnik powinien posługiwać się tym przewodnikiem? Sugerujemy, aby zaczął od przeczytania całej książki od początku do końca, a następnie powrócił do konkretnych fragmentów i stopniowo je sobie przyswajał. Wraz z coraz większą świadomością Zasad 1 i 2 Czytelnik nabędzie umiejętność odgadywania rodzaju gramatycznego całych kategorii rzeczowników, zyskując tym samym większą pewność siebie w posługiwaniu się językiem niemieckim. W przewodniku zebrane zostały liczne przykłady wzmacniające skojarzenia z daną regułą i ułatwiające zapamiętanie obydwu zasad.

Zamieszczony na końcu indeks umożliwia sprawdzenie swoich umiejętności. Każdą pozycję należy traktować jako pytanie: „Na jaki rodzaj gramatyczny wskazuje dane słowo?" Czytelnik powinien też pamiętać, że ma do czynienia z prawdopodobieństwami. Im ściślej połączy się swoją znajomość Zasad 1 i 2, tym większe szanse wytypowania właściwego rodzaju.

WSTĘP

Główna wartość tej książki polega na przedstawieniu wzorów wiążących rzeczowniki z poszczególnymi rodzajami gramatycznymi. Można zatem pokusić się o notowanie nowo poznanych rzeczowników, które będą pasować do zarysowanych prawidłowości. Niewykluczone, że Czytelnik odkryje nowe kategorie i wzajemne powiązania mające znaczenie dla słownictwa używanego w dziedzinie jego specjalizacji. Bez wątpienia bowiem czeka nas jeszcze wiele odkryć.

Biorąc pod uwagę trud włożony w dotychczasową naukę języka niemieckiego pozwalający Czytelnikowi osiągnąć obecny stan biegłości, można przypuszczać, że zabawa w ustalanie rodzaju gramatycznego w drodze inżynierii wstecznej będzie dla niego źródłem niemałej przyjemności. Tu jednak trzeba zachować ostrożność. Raczej nic nie wskazuje na to, aby rodzimi użytkownicy języka niemieckiego, o ile nie są profesorami językoznawstwa niemieckiego ze specjalizacją w zakresie ezoterycznej tematyki rodzaju gramatycznego, podzielali nasze podekscytowanie odnalezieniem klucza do rozszyfrowywania rodzaju rzeczowników. Dla nich kwestia ta nie stanowi żadnego problemu ani wyzwania. A ponieważ nie uczyli się w szkole metod określania rodzaju za pomocą zastosowania inżynierii wstecznej, będą nieufni wobec „zasad", które ktoś poznaje, a im są one obce. Jeśli zaś Czytelnik poczuje się specjalistą w dziedzinie odgadywania właściwych rodzajników i postanowi podzielić się z nimi tym faktem, mogą najpierw z uprzejmości okazać nieco zainteresowania, ale szybko zmęczą się rozmową o zasadach, które rządzą rodzajem gramatycznym w ich własnym języku. Nie wiedzą bowiem *dlaczego*, tylko *jak*. Czytelnik natomiast poznaje *dlaczego*, żeby wiedzieć *jak*. Motywacji zatem trzeba szukać w dzieleniu się swoimi przeżyciami z osobami w podobnej sytuacji, które również walczą z opanowaniem rodzaju rzeczowników w języku niemieckim.

Der: Zasady rządzące rodzajem męskim rzeczownika

Zasada 1: *Kategorie*

Różne gatunki zwierząt
(zwłaszcza jeśli zwierzęta te są duże, budzące lęk, brzydkie
bądź bardzo silne, lub gdy odgrywają rolę czarnych charakterów
w bajkach): der Adler, der Alligator, der Bär, der Biber, der
Blauwal, der Büffel, der Delphin, der Dinosaurier, der Elefant,
der Esel, der Fisch, der Fuchs, der Gorilla, der Hahn, der
Hummer, der Hund, der Löwe, der Maulwurf, der Orang-Utan,
der Stier, der Tiger, der Vogel, der Wal, der Wolf. Jeśli
zwierzęta są mniejsze lub nie tak silne, a ich nazwa kończy się
na -*er*, mogą zostać przyporządkowane do rodzaju męskiego:
der Hamster, der Käfer

Pory dnia
der Morgen, der Abend, der Mittag (ale nie *die Nacht*, ponieważ
rzeczowniki kończące się na -*acht* są zwykle rodzaju żeńskiego)

Dni tygodnia
der Tag, der Montag, der Dienstag, der Mittwoch, der
Donnerstag itd.

Miesiące
der Monat, der Januar, der Februar, der März itd.

Pory roku
der Frühling, der Sommer, der Herbst, der Winter

Wskazania kompasu
der Norden, der Süden, der Osten, der Westen, der Nordosten, der Pol, der Nordpol, der Südpol, der Gegenpol, der Kompass

Opady atmosferyczne i wiatr
der Tropfen, der Regen, der Nebel, der Schnee, der Hagel, der Sturm, der Blitz, der Donner, der Wind, der Tornado, der Hurrikan, der Föhn, der Passat itp.

Wyjątki: *die Böe, die Brise, die Bise* – swój rodzaj zawdzięczają żeńskiej końcówce *-e*

Ciała niebieskie
der Asteroid, der Jupiter, der Himmel, der Komet, der Mars, der Merkur, der Mond, der Neptun, der Planet, der Quasar, der Pluto, der Pulsar, der Satellit, der Saturn, der Stern; Wenus jest zarówno imieniem rzymskiej bogini miłości, jak też nazwą planety i stąd wynika rodzaj żeński tego rzeczownika, natomiast rzeczowniki *die Sonne* i *die Erde* mają końcówkę *-e* wskazującą na rodzaj żeński

Rodzaje gleby, minerałów i skał
der Boden, der Stein, der Fels, der Granit, der Diamant, der Marmor, der Quarz, der Sand, der Smaragd (szmaragd)

Wyjątek: *die Kreide* (kreda; rodzaj wynika z żeńskiej końcówki *-e*)

Brud i odpady
der Abfall, der Dreck, der Dung, der Kehricht, der Plunder (badziewie), der Mist, der Müll, der Schmuddel, der Schrott, der Staub, der Schmutz, der Urin itp.

Nazwy wielu rzek leżących poza Europą Środkową
der Amazonas, der Mississippi, der Nil

Wyjątki: *der Rhein* oraz *der Main*

Śródlądowe zbiorniki wodne
der Bach (strumień), der Fluss (od którego pochodzi także kilka powiązanych rzeczowników męskich: der Abfluss, der Ausfluss, der Einfluss), der Kanal (kanał), der See (jezioro), der Teich (staw), der Damm (tama), der Pool/der Swimmingpool.[18]

Nazwy gór
der Berg, der Gipfel, der Hügel, der Mount Everest, der Mont Blanc, der Kilimanjaro; należy tu też rzeczownik *der Himalaja/der Himalaya* kończący się na literę *-a*, która zwykła wyróżniać rzeczowniki rodzaju żeńskiego.[19]

Wydłużone kształty
o der Arm (ramię/rękaw/odnoga/kończyna)
o der Ast (gałąź)
o der Baumstamm (pień drzewa)
o der Draht (drut)
o der Golfschläger (kij golfowy)
o der Hals/der Nacken (kark)
o der Mast (maszt/pylon)
o der Pfahl (słup/pal)
o der Pfeiler (filar/kolumna)
o der Pfosten (słupek)
o der Schenkel (noga/udo/ramię kąta)
o der Stab (kij/pręt)
o der Stecken (kijek)
o der Stiel (ogonek/łodyga)
o der Stift (długopis/ołówek)
o der Stock (kijek/laska)
o der Turm (wieża)

Materiał
der Filz (filc), der Lappen (ściereczka/szmatka), der Stoff (materiał/sukno/tkanina), der Taft (tafta, tkany jedwab lub podobna sztuczna tkanina)

Gatunki ryb
der Fisch, der Aal (węgorz), der Lachs (łosoś), der Kabeljau (dorsz), der Haifisch (rekin), der Barsch (okoń), der Thunfisch (tuńczyk)

Wyjątki: rzeczownik kończący się na -e przybiera rodzaj żeński: *die Forelle* (pstrąg), *die Seezunge* (sola)

Rośliny
Rośliny, warzywa, sałaty i przyprawy, jeśli nie posiadają końcówki -e, są zazwyczaj rodzaju męskiego: der Bambus (bambus), der Brokkoli, der Blumenkohl (kalafior), der Fenchel (koper włoski), der Rosenkohl (brukselka), der Spinat (szpinak), der Pfeffer (pieprz), der Hanf (konopie), der Lauch (por), der Pilz (grzyb), der Meerrettich (chrzan), der Ingwer (imbir), der Senf (musztarda), der Oregano, der Schnittlauch, der Dill, der Thymian, der Estragon, der Rosmarin, der Koriander, der Salat, der Reis, der Mais. Z wyjątkiem drzew, kwiatów i owoców (które przeważnie mają rodzaj żeński, zwłaszcza gdy kończą się na -e).

Soki
der Saft, der Apfelsaft, der Orangensaft, der Zitronensaft

Kawa, herbata i ciasto
der Tee (→ der Rooibos), der Kaffee (→ der Espresso, der Cappuccino), der Kuchen

Nazwy napojów alkoholowych
der Alkohol, der Champagner, der Cognac, der Likör, der Ouzo, der Prosecco, der Rum, der Schnaps, der Sekt, der Wein, der Whiskey, der Wodka

Wyjątek: das Bier[20]

Podkategorie przyjmują ten sam rodzaj co kategoria nadrzędna:
o   der Wein → der Merlot, der Spätburgunder

o   der Cocktail → der Mojito, der Cosmopolitan
o   das Bier → das Pils (typ piwa)

Sprzęt/przyrządy/narzędzia
zwłaszcza jeśli są to rzeczowniki kończące się na -*er* lub -*or*:

- o   der Atomreaktor
- o   der Computer
- o   der Cursor
- o   der Detektor
- o   der Fernseher
- o   der Generator
- o   der Katalysator
- o   der Kondensator
- o   der Kugelschreiber
- o   der Monitor
- o   der Motor
- o   der Projektor
- o   der Prozessor
- o   der Radiator
- o   der Sensor
- o   der Simulator
- o   der Stabilisator
- o   der Taschenrechner
- o   der Toaster
- o   der Traktor
- o   der Ventilator

Należą tu też niektóre rzeczowniki nieodnoszące się do sprzętu, ale zakończone na -*or*:

- o   der Chor (chór)
- o   der Faktor
- o   der Horror
- o   der Humor
- o   der Indikator
- o   der Korridor

- o der Sektor
- o der Terror
- o der Tresor
- o der Tumor
- o der Vektor

Nazwy marek samochodów
der Audi, der BMW, der Mercedes, der Volkswagen itp. są
zazwyczaj przyporządkowane do rodzaju męskiego. Zasada ta
nie dotyczy rodzajów samochodów. Mamy więc *das Cabriolet*
(samochód ze składanym dachem) oraz *das Coupé* (samochód z
zamontowanym na stałe dachem oraz jedną parą drzwi),
pochodzące z języka francuskiego, a zapożyczenia w języku
niemieckim są zwykle rodzaju nijakiego. Do grupy tej można
zaliczyć też *die Limousine*, która z kolei swój rodzaj zawdzięcza
żeńskiej końcówce -*e*.

Nazwy pociągów
der Zug, der ICE, der TGV

Wiele walut
der US-Dollar, der Euro, der Schweizer Franken, der
südafrikanische Rand, der Renminbi, der chinesische Yuan, der
japanische Yen, der Rubel, der Peso, der Cent, der Pfennig, der
Rappen

Wyjątki: das britische Pfund (ponieważ funt, jako jednostka
miary wagi, przyjmuje rodzaj nijaki), die Lira, die Krone (z
uwagi na końcówkę -*a* lub -*e*), die Mark, die Deutschmark, die
D-Mark (w średniowieczu nazwa tej waluty kończyła się na -*a*
lub -*e*).

Gatunki muzyczne
der Blues, der Jazz, der Pop, der Rock, der Rap, der Reggae, der
Schlager (zasada nie ma już zastosowania w przypadku muzyki
poważnej: *die Klassik, die Oper*)

Rodzaje tańca
der Foxtrott, der Tango, der Bolero, der Flamenco, der Cha-Cha-Cha, der Mambo, der Rumba, der Samba,[21] der Walzer

Wyjątki: *die Polka, das Menuett*

Rzeczowniki oznaczające osoby płci męskiej przyjmują zazwyczaj rodzaj męski
Wydaje się, że powinna to być kategoria najbardziej intuicyjna, ale w języku niemieckim nie zawsze tak jest. Co prawda w przypadku takich wyrazów jak *der Mann, der Vater, der Sohn, der Bub, der Bruder, der Onkel* itp. istnieje związek pomiędzy naturalnym rodzajem danej osoby a rodzajem gramatycznym określającego ją rzeczownika, ale już przy tworzeniu zdrobnień rodzaj ten ulega zamianie na nijaki, np. *das Bübchen*, mały chłopiec lub *das Männchen* (w odniesieniu do małego mężczyzny – forma używana dla wyrażenia litości lub w celu skarykaturowania kogoś). Ponadto istnieje kilka słów, które odnoszą się do osoby płci męskiej, ale nie mają rodzaju męskiego: *die Person* (osoba) lub *die Geisel* (zakładnik).

Zasada 2: Dźwięki

Rzeczowniki rodzaju męskiego zwykle zaczynają się i kończą spółgłoską — im więcej spółgłosek na początku i na końcu każdego rzeczownika, tym większe prawdopodobieństwo, że rzeczownik ma rodzaj męski.

Rzeczowniki z poniższymi przedrostkami i przyrostkami są przeważnie rodzaju męskiego

-aal

der Aal (ryba: węgorz), der Saal – sala oraz wiele wyrazów pochodnych utworzonych od tego słowa, np. der Gerichtssaal (sala rozpraw), der Speisesaal (jadalnia), der Wartesaal (poczekalnia)

-ag

o der Airbag
o der Alltag
o der Anschlag
o der Antrag
o der Auftrag
o der Beitrag
o der Belag
o der Durchschlag
o der Ertrag
o der Gag (od angielskiego słowa „gag" oznaczającego chwyt komediowy lub dowcip)[22]
o der Hag
o der Jetlag
o der Lag (od angielskiego słowa „lag" oznaczającego opóźnienie)
o der Montag
o der Schlag
o der Tag
o der Verlag
o der Vertrag
o der Vorschlag

-all

o der Abfall
o der Aufprall
o der Ball
o der Drall (spin/obrót)
o der Fall
o der Hall (echo)
o der Knall

- o der Krawall
- o der Kristall
- o der Schall
- o der Vorfall
- o der Zufall

Wyjątki (rodzaj nijaki):

- o das All (ta sama kategoria co *das Universum*)
- o das Intervall (pochodzi od łacińskiego *intervallum*, więc –
  jako wyraz obcy – ma w języku niemieckim rodzaj nijaki)
- o das Metall (metale są zwykle rodzaju nijakiego)

Wyjątki (rodzaj żeński): *die Nachtigall* (mniejsze ptaki, np. słowik, są zazwyczaj rodzaju żeńskiego).

-am

der Gram (zgryzota), der Kram (majdan/rupiecie), der Imam, der Islam, der Sesam (sezam), der Poetry-Slam, der Grand Slam

-an

Rzeczowniki zakończone na *-an* bywają zazwyczaj przyporządkowane do rodzaju męskiego. Końcówka *-an* jest tak silna, że nawet znosi zwykle stosowaną zasadę o przypisywaniu zapożyczeniom rodzaju nijakiego, np.

- o der Altan (wysoki taras)
- o der Baldrian (waleriana – zarówno roślina, jak i otrzymany
  na jej bazie lek)
- o der Balkan (Bałkany)
- o der Blödian (kretyn)
- o der Caravan (przyczepa turystyczna)
- o der Dekan (dziekan)
- o der Diözesan (diecezjanin)
- o der Diwan (otomana)

o der Dressman (męski model)
o der Elan (werwa/wigor)
o der Enzian (goryczka/gencjana)
o der Fan (wielbiciel/zwolennik/fan)
o der Fasan (bażant)
o der Gentleman
o der Grobian (cham/grubianin)
o der Grünspan (grynszpan)
o der Hooligan
o der Hurrikan (huragan)
o der Iran, der Sudan, der Südsudan (przykłady nielicznych krajów mających rodzaj męski – większość jest rodzaju nijakiego)
o der Kaftan (kaftan/chałat)
o der Katamaran (katamaran)
o der Klan (klan)
o der Koran
o der Kran (dźwig)
o der Kumpan (kompan/kumpel)
o der Lebertran (tran z wątroby dorsza)
o der Leguan (legwan)
o der Majoran (majeranek; przyprawy są zwykle rodzaju męskiego)
o der Median (mediana)
o der Meridian (południk)
o der Merlan (ryba witlinek)
o der Orang-Utan (orangutan)
o der Orkan (wichura)
o der Ortolan (trznadel)
o der Ozean (ocean)
o der Parmesan (parmezan)
o der Pavian (pawian)
o der Pelikan (pelikan)
o der Plan (plan)
o der Ramadan (Ramadan)
o der Roman (powieść/utwór literacki)
o der Safran (szafran; przyprawy są zwykle rodzaju męskiego)

o der Schlendrian (ktoś niedbały/guzdrała)
o der Schwan (łabędź)
o der Slogan (slogan)
o der Sopran (sopran)
o der Span (w liczbie mnogiej: wióry, trociny)
o der Steppenwaran (waran stepowy)
o der Stuntman
o der Sultan
o der Talisman (talizman)
o der Tarzan
o der Thymian (tymianek; przyprawy są zwykle rodzaju
  męskiego)
o der Titan (mitologiczny olbrzym/silna osoba)
o der Tran (tran wielorybi)
o der Tukan (tukan)
o der Turban (turban)
o der Ulan (ułan)
o der Untertan (poddany monarchy)
o der Van (van/typ samochodu)
o der Vatikan (Watykan)
o der Veteran (weteran)
o der Vulkan (wulkan/rzymski bóg ognia)
o der Yuan (chińska waluta)

Kilka imion rodzaju męskiego kończy się na -*an*:

(der) Adrian, (der) Christian, (der) Fabian, (der) Florian, (der)
Ivan, (der) Jean, (der) Jonathan, (der) Julian, (der) Kian, (der)
Kilian, (der) Marian, (der) Maximilian, (der) Sebastian, (der)
Stefan/Stephan, (der) Tilman, (der) Tristan

Wyjątki: Nazwy krajów są zwykle rodzaju nijakiego i reguła ta
ma także zastosowanie w przypadku nazw z końcówką -*an*:[23]
(das) Afghanistan, (das) Aserbaidschan, (das) Bhutan, (das)
Japan, (das) Kasachstan, (das) Kirgistan, (das) Kurdistan, (das)
Pakistan, (das) Tadschikistan, (das) Taiwan, (das)
Turkmenistan, (das) Usbekistan

Inne przykłady rzeczowników rodzaju nijakiego z końcówką -an obejmują pierwiastki w układzie okresowym, metale, gazy, substancje chemiczne i ich pochodne:

o das Butan (butan)
o das Filigran (filigran – dekoracyjny przedmiot z cienkich drucików ze złota lub srebra)
o das Heptan (heptan)
o das Hexan (heksan)
o das Mangan (mangan)
o das Marzipan[24] (marcepan)
o das Methan (metan)
o das Nonan (nonan)
o das Oktan (oktan)
o das Pentan (pentan)
o das Porzellan (porcelana/serwis porcelanowy)
o das Propan (propan)
o das Titan (tytan)
o das Tryptophan (tryptofan)
o das Uran (uran)
o das Zellophan (celofan)

Trzy inne często używane wyjątki rzeczowników rodzaju nijakiego o końcówce -an: das *LAN* (skrót od angielskiego „Local Area Network", czyli lokalna sieć komputerowa), *das WLAN* (skrót od angielskiego „Wireless Local Area Network" oznaczającego bezprzewodową sieć lokalną), *das Organ* (narząd ciała lub instytucja).

Bardzo rzadkim wyjątkiem rodzaju żeńskiego z końcówką -an jest *die Membran* (błona; ta sama kategoria co *die Haut*).

-ang

- o der Anfang
- o der Drang
- o der Einklang
- o der Empfang
- o der Fang
- o der Gang
- o der Gesang[25]
- o der Hang
- o der Klang
- o der Mustang
- o der Rang
- o der Slang
- o der Strang (wątek/powróz/stryczek)
- o der Tang (wodorosty)
- o der Vorhang

-ant

Osoby płci męskiej lub samce zwierząt:

- o der Demonstrant
- o der Elefant
- o der Lieferant

Wyjątki: nazwy przedmiotów nieożywionych lub rzeczowniki zapożyczone z języka francuskiego, co warunkuje ich rodzaj nijaki: *das Croissant, das Deodorant, das Restaurant.*

-ast

- o der Ballast (balast)
- o der Bast (łyko)
- o der Chloroplast (chloroplast)
- o der Damast (adamaszek)
- o der Enthusiast (entuzjasta)

o der Fahnenmast (maszt flagowy)
o der Fantast/Phantast (fantasta)
o der Gast (gość)
o der Gymnasiast (licealista)
o der Knast (ciupa/odsiadka)
o der Kontrast (kontrast)
o der Mast (maszt)
o der Morast (trzęsawisko)
o der Palast (pałac)
o der Seidelbast (wawrzynek)
o der Toast[26] (toast/grzanka)
o der Zytoblast (cytoblast)

Wyrazy z końcówką -ast mające wyjątkowo rodzaj żeński (rodzaj żeński jest zwykle przypisany do kategorii rzeczowników bardziej abstrakcyjnych):

o die Altlast (pozostałość/obciążenie)
o die Beweislast (ciężar dowodu/onus probandi)
o die Hast (pośpiech)
o die Last (ładunek/ciężar/obciążenie)
o die Mast (tucz)
o die Rast (odpoczynek/postój)
o die Unrast (niepokój)

-auch

o der Bauch
o der Brauch
o der Gebrauch (zwyczaj/stosowanie/użytek/użycie)
o der Knoblauch (czosnek)
o der Lauch (por)
o der Missbrauch
o der Rauch
o der Schlauch (gumowy wąż/szlauch)
o der Strauch (krzak)
o der Verbrauch

-aum

o der Baum
o der Flaum (puch/meszek)
o der Raum (przestrzeń/obszar/pomieszczenie/miejsce)
o der Saum (obrąbek/skraj/brzeg)
o der Schaum (piana)
o der Traum

-bold

o der Kobold (skrzat)
o der Lügenbold (niepoprawny kłamca)
o der Trunkenbold (opój)
o der Witzbold (dowcipniś)

-eg

o der Abstieg
o der Ausstieg
o der Ausweg
o der Beleg
o der Krieg
o der Weg

Wyjątki:das Privileg[i] i das Sakrileg[ii] to rzeczowniki pochodzenia łacińskiego, co wyjaśnia ich rodzaj nijaki.

---

[i] od łac. privilegium, i *n* – prawo wyjątkowe, pierwszeństwo, przywilej (przyp. red.).
[ii] od łac. sacrilegium, i *n* – świętokradztwo, znieważenie świętości (przyp.red.).

-eis

o der Ausweis
o der Kreis (ta sama kategoria co *der Ring, der Zirkel*)
o der Preis

-en

Około 80 procent rzeczowników kończących się na *-en* jest rodzaju męskiego,[27] podczas gdy pozostałe mają rodzaj nijaki. Końcówka *-en* nie należy do typowych końcówek rzeczowników rodzaju żeńskiego:

o der Balken (wskaźnik paskowy/belka)
o der Ballen (bela/zwój)
o der Barren (poręcze/sztaba)
o der Batzen (gruda/spora część)
o der Besen
o der Boden
o der Bogen
o der Braten
o der Brocken
o der Brunnen
o der Busen
o der Daumen
o der Degen
o der Drachen
o der Faden
o der Felsen
o der Fetzen (strzęp)
o der Fladen
o der Frieden
o der Funken
o der Galgen
o der Garten
o der Gaumen (podniebienie)
o der Glauben

- o der Graben
- o der Hafen
- o der Haken
- o der Haufen
- o der Hoden
- o der Hopfen
- o der Husten
- o der Karpfen (karp; ryby są zwykle rodzaju męskiego)
- o der Karren
- o der Kasten
- o der Klumpen
- o der Knochen
- o der Knoten
- o der Kolben (tłok)
- o der Korken (korek lub zatyczka)
- o der Kragen
- o der Krapfen
- o der Kuchen
- o der Laden
- o der Lappen
- o der Loden
- o der Magen
- o der Nacken
- o der Ofen
- o der Orden
- o der Packen (paczka/pakiet/sterta)
- o der Pfropfen
- o der Rachen
- o der Rahmen
- o der Rasen
- o der Rechen (grabie)
- o der Regen
- o der Reifen
- o der Rochen (płaszczka; ryby są zwykle rodzaju męskiego)
- o der Roggen (żyto)
- o der Rücken
- o der Samen

o der Schaden
o der Schinken
o der Schnupfen
o der Schuppen
o der Segen
o der Socken
o der Spaten
o der Stecken
o der Streifen
o der Tropfen
o der Wagen
o der Weizen
o der Zacken
o der Zapfen

Około 20 procent rzeczowników kończących się na - *en* jest rodzaju nijakiego:[28]

o rzeczowniki odczasownikowe zakończone na -*en* mają rodzaj nijaki:[29] das Essen, das Leben, das Wissen, das Schreiben, das Treffen, das Beben

o zdrobnienia kończące się na -*en* są rodzaju nijakiego: das Küken, das Fohlen (źrebię/źrebak)

o gramatyka/części mowy to kategoria skupiająca głównie rzeczowniki rodzaju nijakiego, co ma miejsce także wówczas, kiedy dane słowo kończy się na -*en*, np. das Nomen

o kategorie wyższego poziomu/nadrzędne mają zazwyczaj rodzaj nijaki (dokładne wyjaśnienie tego zagadnienia znajduje się w rozdziale obejmującym rzeczowniki rodzaju nijakiego) i dotyczy to także przypisanych do tej kategorii rzeczowników z końcówką -*en*: das Wesen, das Volumen, das Vermögen o kilka rzeczowników kojarzących się z sypialnią (*das Schlafzimmer*) oraz łazienką (*das Badezimmer*) posiada rodzaj nijaki i stąd mają go również powiązane rzeczowniki kończące się na -*en:* das Laken (prześcieradło), das Kissen (poduszka), das Leinen (płótno), das Leintuch (prześcieradło), das Bett (łóżko), das Becken (zlew/umywalka/niecka/basen), das Waschbecken (umywalka), das Bad (łazienka)

o inne nijakie rzeczowniki kończące się na -*en*: das Examen (zapożyczenie z języka francuskiego, co uzasadnia rodzaj nijaki słowa), das Eisen (żelazo; metale są zwykle przyporządkowane do rodzaju nijakiego), das Wappen (herb/godło/klejnot herbowy; znajduje się w tej samej kategorii rodzaju nijakiego co *das Banner, das Hoheitszeichen*)

-ent (choć zwykle już nie -*ment*[30])

o der Abiturient (uczeń kończący szkołę średnią, będący w klasie maturalnej, rozpoczynający ją lub tuż po jej ukończeniu)
o der Abonnent (prenumerator)
o der Absolvent (absolwent/wychowanek/posiadacz dyplomu)
o der Advent
o der Agent
o der Akzent
o der Assistent
o der Barchent
o der Cent
o der Dirigent
o der Dissident
o der Dozent
o der Exponent
o der Gradient
o der Koeffizient
o der Konsument
o der Kontinent

- der Kontrahent
- der Konvent
- der Korrespondent
- der Moment
- der Okzident
- der Opponent
- der Orient
- der Patient
- der Präsident
- der Produzent
- der Quotient
- der Referent
- der Regent
- der Resident
- der Rezensent
- der Student
- der Zedent

Wyjątki (rodzaj nijaki)

- das Kontingent (pochodzi z języka francuskiego/łaciny)
- das Patent (latynizm, przez co przypisany mu został w języku niemieckim rodzaj nijaki)
- das Prozent (należy do tej samej kategorii co ułamki, które są zwykle rodzaju nijakiego, np. das Viertel)
- das Talent (pierwotnie jednostka miary masy, podobnie jak *das Pfund,* co warunkowałoby rodzaj nijaki wyrazu, przy czym obecnie odnosi się on do naturalnego uzdolnienia lub umiejętności)
- das Transparent (transparent; stąd mamy również *das Banner*)

-er

Około 70 procent rzeczowników kończących się na *-er* (ale nie na *-ier*[31]) ma rodzaj męski,[32] np.

- der Acker (pole/ziemia uprawna/akr)
- der Anker (kotwica)
- der Ärger
- der Bagger
- der Becher
- der Bedenkenträger (sceptyk/krytykant)
- der Biber
- der Bohrer
- der Bunker
- der Donner
- der Dünger
- der Eifer
- der Eimer
- der Eiter
- der Fächer (wachlarz)
- der Falter (motyl/ćma)
- der Fehler
- der Filter
- der Finger
- der Fühler
- der Hafer
- der Hammer
- der Hamster
- der Höcker (garb wielbłąda)
- der Hocker (stołek/domator)
- der Hummer
- der Hunger
- der Ingwer
- der Jammer
- der Kader (w Szwajcarii przyjął się rodzaj nijaki: *das Kader*)
- der Käfer
- der Kater
- der Keller
- der Kerker (loch)
- der Kleber
- der Köder (przynęta)
- der Koffer

o der Körper
o der Krater
o der Kühler
o der Kummer
o der Laser
o der Lüster (żyrandol)
o der Ordner
o der Panzer
o der Sender
o der Sommer
o der Teller
o der Tiger
o der Walzer
o der Wecker
o der Winter
o der Zauber
o der Zeiger
o der Zucker

Rzeczowniki utworzone od czasowników za pomocą przyrostka -er mają zwykle rodzaj męski
arbeiten → *der Arbeiter*, fahren → *der Fahrer*, lehren → *der Lehrer*, spielen → *der Spieler*

Rzeczowniki, czasowniki lub przymiotniki utworzone przez dodanie końcówki -er, -ler, -ner, -iker są najczęściej rodzaju męskiego
Eisenbahn → *der Eisenbahner*, Hamburg → *der Hamburger*, Sport → *der Sportler*, Rente → *der Rentner*, Alkohol → *der Alkoholiker*, fernsehen → *der Fernseher*, fehlen → *der Fehler*

Wyrazy utworzone od liczebników i posiadające końcówkę -er są zwykle rodzaju męskiego
50 → *der Fünfziger*

Wyjątki: Około 15 procent rzeczowników zakończonych na -er ma rodzaj żeński.[33]

Jedną z kategorii obejmujących rzeczowniki zakończone na -er i mające rodzaj żeński są Części ciała:

o die Ader (żyła)
o die Herzkammer (komora serca)
o die Leber (wątroba)
o die Schulter (ramię)
o die Wimper (rzęsa)

Inne rzeczowniki rodzaju żeńskiego kończące się na -er:

o die Butter (rzeczownik ten posiadał kiedyś żeńską końcówkę -a; ponadto słowa powiązane z masłem, die Kuh → die Milch → die Butter, mają rodzaj żeński)[34]
o die Dauer (okres trwania; ta sama kategoria co die Zeit)
o die Elster (sroka; mniejsze ptaki mają zwykle rodzaj żeński)
o die Faser (włókno; synonim die Litze, słowa oznaczającego przewód)
o die Feder (pióro lub sprężyna)
o die Feier (święto/uroczystość/przyjęcie)
o die Folter (tortury; ta sama kategoria rodzaju żeńskiego co die Quälerei, die Tortur)
o die Leiter (drabina; synonim die Verbindung wywodzący się od die Leitung)
o die Oper (pod koniec XVIII wieku słowo to miało końcówkę -a)
o die Marter (tortury: męczarnie/katusze)
o die Mauer (synonim die Wand; kształty płaskie wykazują tendencję do tworzenia rodzaju żeńskiego)
o die Metapher (synonim die Übertragung)
o die Steuer (podatek; liczby są rodzaju żeńskiego)
o die Trauer (smutek; łzy są rodzaju żeńskiego: die Träne)
o die Ziffer (liczby są rodzaju żeńskiego)

Wyjątki rodzaju nijakiego: około 15 procent rzeczowników kończących się na -er ma rodzaj nijaki.[35]

o das Alter (kategoria nadrzędna dla wieku, zwykle mierzonego w latach, *das Jahr*)
o das Banner (sztandar; słowo pochodzenia francuskiego co warunkuje jego rodzaj nijaki; ponadto należy do tej samej kategorii rzeczowników rodzaju nijakiego co *das Hoheitszeichen*, *das Wappen*)
o das Feuer (ogień; niektóre podstawowe pierwiastki przyrody są rodzaju nijakiego)
o das Fieber (zapożyczenie z łaciny, przez co słowo przyjmuje rodzaj nijaki)
o das Futter (kategoria nadrzędna; karma dla zwierząt)
o das Gatter (krata w bramie; ta sama kategoria co *das Tor*, *das Portal*, *das Hindernis*)
o das Gitter (żelazna krata/siatka; metale są zwykle rodzaju nijakiego)
o das Kloster (latynizm oznaczający miejsce zamieszkania zakonników i zakonnic; należy do tej samej kategorii rodzaju nijakiego co *das Wohnhaus*)
o das Kupfer (metale są zwykle rodzaju nijakiego)
o das Lager (magazyn/skład/obóz; ta sama kategoria co *das Vorratshaus*, *das Camp*, *das Depot*)
o das Leder (skóra; ta sama kategoria produktów pochodzenia zwierzęcego co futro, *das Fell*)
o das Messer (metale i miecze mają rodzaj nijaki)
o das Muster (ta sama kategoria co *das Beispiel*)
o das Opfer (może odnosić się zarówno do czynności, tj. składania darów lub poświęcenia czegoś, jak i osoby poszkodowanej, mężczyzny lub kobiety)
o das Pflaster (bruk/plaster)
o das Poster (zapożyczeniom nadaje się zazwyczaj rodzaj nijaki)
o das Pulver (proszek)
o das Ruder (władza/wiosło/ster/koło; ta sama kategoria co *das Steuer*, *das Paddel*)
o das Silber (metale mają zwykle rodzaj nijaki)
o das Ufer (ta sama kategoria co *das Land*)

- das Wasser (woda; pierwiastki przyrody są zwykle rodzaj nijakiego)
- das Wetter (ta sama kategoria co *das Klima*)
- das Wunder (należy do tej samej kategorii rodzaju nijakiego co *das Geschehen, das Ereignis, das Staunen*)
- das Zimmer (pokój; pierwotnie pochodzi od czasownika *zimmern*, który oznacza robić coś z drewna — stąd też *Zimmermann* = cieśla; znajduje się w tej samej kategorii rodzaju nijakiego co *das Gemach*, komnata/pomieszczenie/mieszkanie, a także *das Haus* i *das Gebäude*)

-el

Tak jak w przypadku końcówek *-er* (patrz powyżej), końcówki *-el* zwykło się utożsamiać z rzeczownikami rodzaju męskiego. Około 60 procent rzeczowników zakończonych na *-el* ma rodzaj męski,[36] np.

- der Apfel (jabłko stanowi wyjątek od reguły mówiącej, że owoce należą do żeńskiej kategorii)
- der Ärmel (rękaw)
- der Artikel
- der Beutel
- der Büffel
- der Bügel
- der Dackel (jamnik; ta sama kategoria co *der Hund*)
- der Deckel (wieko)
- der Egel (pijawka)
- der Engel
- der Esel
- der Flügel
- der Gipfel
- der Gürtel
- der Hagel
- der Handel
- der Hebel

- der Henkel
- der Himmel
- der Hügel
- der Igel (jeż)
- der Jubel
- der Kegel (kręgiel/stożek)
- der Kessel (czajnik/kocioł/sagan)
- der Kittel (kitel/marynarka/fartuch)
- der Knöchel (kostka u nogi lub knykieć)
- der Knödel
- der Knorpel (chrząstka)
- der Kübel
- der Löffel (łyżka – ważny przybór kuchenny, który wpisuje się w tendencję przyporządkowywania rzeczownikom zakończonym na -el rodzaju męskiego)
- der Mangel
- der Mantel
- der Meissel (dłuto)
- der Mörtel (zaprawa murarska: mieszanina cementu i piasku)
- der Muskel
- der Nabel
- der Nagel
- der Nebel
- der Pegel
- der Pickel
- der Pöbel (motłoch/pospólstwo/hołota)
- der Pudel
- der Rüssel (trąba, np. słonia)
- der Säbel (szabla)
- der Schenkel
- der Schlüssel
- der Schnabel
- der Sessel
- der Sockel
- der Stapel
- der Tempel
- der Titel

- o der Trubel (zgiełk i zamęt)
- o der Tümpel (sadzawka)
- o der Tunnel
- o der Vogel
- o der Winkel
- o der Wipfel (wierzchołek drzewa)
- o der Würfel
- o der Zettel
- o der Ziegel (cegła/dachówka)
- o der Zirkel
- o der Zweifel (wątpliwość).

Wyjątki: Około 25 procent rzeczowników[37] zakończonych na *-el* jest rodzaju żeńskiego:

- o małe ptaki posiadają zazwyczaj rodzaj żeński: die Amsel (kos), die Drossel (drozd), die Wachtel (przepiórka)

- o produkty pochodzenia roślinnego są przeważnie rodzaju żeńskiego, dotyczy to także niektórych rzeczowników zakończonych na *-el* i należących do tej grupy: die Dattel (daktyl), die Distel (oset), die Eichel (żołądź), die Wurzel (korzeń)

- o tak jak w przypadku rzeczowników zakończonych na *-er*, niektóre części ciała stanowią wyjątek od reguły nadającej rodzaj męski rzeczownikom z końcówką *-el*: die Achsel (pacha)

- o niektóre pokarmy i powiązane sprzęty: die Muschel (owoc morza, małż; wcześniej, od IX wieku, funkcjonowała nazwa *muscula*), die Nudel, die Gabel (ważny przybór kuchenny, widelec, jest rodzaju żeńskiego[iii]); podobnie inne domowe przyrządy/sprzęty zakończone na *-el*: die Nadel, die Kordel

---

[iii] zob. wyjaśnienie we Wstępie.

(sznur), die Kurbel (korba), die Tafel (tablica lub nakryty stół, tj. górna jego część)

o die Angel (zawias, wędka)

o wyrażenia, zasady i opowieści są zwykle rodzaju nijakiego: die Bibel, die Regel, die Klausel (klauzula/zastrzeżenie/ warunek), die Fabel, die Floskel (frazes; pusty, pozbawiony głębszego sensu zwrot)

o przedmioty świecące/emitujące światło: die Ampel (sygnalizacja świetlna; wyraz podobny do *die Lampe*), die Fackel (pochodnia; słowo utworzone od *fackala*, funkcjonującego w języku zachodniogermańskim w VIII wieku)

o die Insel (wyspa; słowo pochodzące od łacińskiego *insula* zakończonego na żeńskie *-a*)

o die Klientel (ogół klientów; pochodzi od łacińskiego *clientela* kończącego się na żeńską głoskę *-a*)

o die Kugel (w średniowieczu wyraz ten miał żeńską końcówkę *-e*), die Gondel (pochodzi od włoskiego rzeczownika *gondola* z żeńską końcówką *-a*), die Kapsel (od łacińskiego rzeczownika *capsula*), die Orgel (od łacińskiego słowa *organa*), die Formel (od łacińskiego wyrazu *formula*), die Geisel (zakładnik lub zakładniczka)

Wyjątki: Około 15 procent rzeczowników zakończonych na *-el* ma rodzaj nijaki:

o das Debakel (fakt zapożyczenia z łaciny wyjaśnia rodzaj nijaki; ponadto to ta sama kategoria co *das Fiasko*, *das Desaster*)

o das Ferkel (prosię; zdrobnienia są zazwyczaj rodzaju nijakiego)
o das Hotel (ta sama kategoria co *das Gasthaus*; nazwy hoteli mają rodzaj nijaki)
o das Kabel (kabel/przewód; ta sama kategoria co *das Seil*)
o das Kapitel (część *das Buch*; latynizm od *capitulum* mającego rodzaj nijaki — po przejściu do języka niemieckiego pierwotny rodzaj został zachowany)
o das Mittel (środki; powiązany z *das Geld*, *das Kapital*)
o das Nickel (metale są zwykle rodzaju nijakiego)
o das Orakel (może odnosić się do mężczyzny lub kobiety, a nawet do rzeczy; wywodzi się z łacińskiego rzeczownika rodzaju nijakiego *oraculum*, a obcy źródłosłów skutkuje przypisaniem słowu rodzaju nijakiego)
o das Paddel (zapożyczenie; ta sama kategoria rodzaju nijakiego co *das Ruder*)
o das Pendel (pochodzi z łacińskiego *pendulum*)
o das Rätsel (ta sama kategoria rodzaju nijakiego co *das Geheimnis*, *das Mysterium*, *das Phänomen*, *das Wunder*)
o das Rudel (stado/gromada/chmara/horda; rzeczowniki zbiorowe mają przeważnie rodzaj nijaki, zwłaszcza jeśli zaczynają się od *Ge-*)
o das Segel (żagiel; ta sama kategoria co *das Tuchstück*)
o das Übel (zło; ta sama kategoria rodzaju nijakiego co *das Böse*, *das Leid*)
o das Wiesel (małe zwierzę: łasica)

-eur (ale nie -*ur*[38])

o der Akteur
o der Amateur
o der Charmeur
o der Chauffeur
o der Dekorateur
o der Deserteur
o der Dompteur
o der Dresseur

o der Exporteur
o der Filmregisseur
o der Flaneur
o der Friseur
o der Gouverneur
o der Graveur
o der Hasardeur
o der Importeur
o der Ingenieur
o der Innendekorateur
o der Inspekteur
o der Installateur
o der Instrukteur
o der Jongleur
o der Kollaborateur
o der Kolporteur
o der Kommandeur
o der Konstrukteur
o der Kontrolleur
o der Marodeur
o der Masseur
o der Monteur
o der Operateur
o der Parfümeur
o der Profiteur
o der Provokateur
o der Redakteur
o der Regisseur
o der Saboteur
o der Schwadroneur
o der Souffleur
o der Spediteur
o der Transporteur
o der Voyeur

Wyjątek: *das Interieur* (wnętrze; rzeczownik nieżywotny nieodnoszący się do zawodu, stanowiska lub zajęcia).

-ich

Rzeczowniki kończące się na -ich mają rodzaj męski w 81 procentach przypadków,[39] np.

- o der Anstrich
- o der Ausgleich
- o der Bereich
- o der Deich (grobla)
- o der Fittich (poetyckie: skrzydło ptaka; ta sama kategoria co der Flügel)
- o der Streich
- o der Strich
- o der Teich
- o der Teppich
- o der Vergleich
- o der Wüterich (pieniacz; ktoś, kto łatwo wpada w furię)

-ig

der Honig, der Käfig, der Teig, der Pfennig

-iker (rodzaj męski w 100 procentach przypadków)

- o der Agnostiker
- o der Akademiker
- o der Alkoholiker
- o der Analytiker
- o der Aphoristiker
- o der Apokalyptiker
- o der Arithmetiker
- o der Asthmatiker
- o der Astrophysiker
- o der Automechaniker
- o der Bautechniker
- o der Biochemiker

o der Botaniker
o der Chemiker
o der Computertechniker
o der Diabetiker
o der Dogmatiker
o der Dramatiker
o der Egozentriker
o der Elektriker
o der Elektroniker
o der Elektrotechniker
o der Epiker
o der Epileptiker
o der Esoteriker
o der Ethiker
o der Exzentriker
o der Fanatiker
o der Genetiker
o der Grafiker/Graphiker
o der Häretiker
o der Heilpraktiker
o der Historiker
o der Hysteriker
o der Informatiker
o der Ironiker
o der Keramiker
o der Kernphysiker
o der Klassiker
o der Kleriker
o der Komiker
o der Kosmetiker
o der Kritiker
o der Kybernetiker
o der Logiker
o der Lyriker
o der Marketingpraktiker
o der Mathematiker
o der Mechaniker

- o der Mimiker
- o der Musiker
- o der Mystiker
- o der Neurotiker
- o der Optiker
- o der Philharmoniker
- o der Physiker
- o der Polemiker
- o der Politiker
- o der Pragmatiker
- o der Praktiker
- o der Prognostiker
- o der Psychoanalytiker
- o der Psychotiker
- o der Rhetoriker
- o der Romantiker
- o der Sanguiniker
- o der Satiriker
- o der Skeptiker
- o der Statiker
- o der Statistiker
- o der Stoiker
- o der Taktiker
- o der Techniker
- o der Theoretiker
- o der Verschwörungstheoretiker
- o der Zahntechniker
- o der Zyniker

-ismus (rodzaj męski w 100 procentach przypadków)

- o der Absolutismus
- o der Abstimmungsmechanismus
- o der Aktionismus
- o der Aktivismus
- o der Alkoholismus

- der Alpinismus
- der Altruismus
- der Anachronismus
- der Analphabetismus
- der Anarchismus
- der Anglizismus
- der Antagonismus
- der Antifaschismus
- der Antikonformismus
- der Antisemitismus
- der Aphorismus
- der Arabismus
- der Archaismus
- der Atavismus
- der Atheismus
- der Autismus
- der Automatismus
- der Behaviorismus
- der Bilingualismus
- der Bioterrorismus
- der Buddhismus
- der Calvinismus
- der Chauvinismus
- der Dadaismus
- der Darwinismus
- der Defätismus
- der Deismus
- der Despotismus
- der Determinismus
- der Dogmatismus
- der Druckmechanismus
- der Egalitarismus
- der Egoismus
- der Egozentrismus
- der Elektromagnetismus
- der Eskapismus
- der Euphemismus

- o der Evolutionismus
- o der Exhibitionismus
- o der Existentialismus
- o der Exorzismus
- o der Expressionismus
- o der Extremismus
- o der Fanatismus
- o der Faschismus
- o der Fatalismus
- o der Feminismus
- o der Fetischismus
- o der Feudalismus
- o der Finanzkapitalismus
- o der Föderalismus
- o der Fundamentalismus
- o der Funktionalismus
- o der Futurismus
- o der Germanismus
- o der Gigantismus
- o der Hedonismus
- o der Hellenismus
- o der Hinduismus
- o der Humanismus
- o der Idealismus
- o der Imperialismus
- o der Impressionismus
- o der Individualismus
- o der Intellektualismus
- o der Internationalismus
- o der Irrationalismus
- o der Islamismus
- o der Isolationismus
- o der Journalismus
- o der Judaismus
- o der Kannibalismus
- o der Kapitalismus
- o der Katechismus

o der Katholizismus
o der Klassizismus
o der Kollektivismus
o der Kolonialismus
o der Kommunismus
o der Konformismus
o der Konfuzianismus
o der Konservatismus
o der Konsultationsmechanismus
o der Kreationismus
o der Kubismus
o der Kulturimperialismus
o der Laizismus
o der Leninismus
o der Liberalismus
o der Linksextremismus
o der Lobbyismus
o der Magnetismus
o der Maoismus
o der Marxismus
o der Masochismus
o der Massentourismus
o der Materialismus
o der Mechanismus
o der Metabolismus
o der Mikroorganismus
o der Militarismus
o der Minimalismus
o der Modernismus
o der Monotheismus
o der Moralismus
o der Multikulturalismus
o der Nationalismus
o der Nationalsozialismus
o der Naturalismus
o der Nazismus
o der Neoliberalismus

- o der Neologismus
- o der Neomarxismus
- o der Nepotismus
- o der Neuklassizismus
- o der Nihilismus
- o der Nonkonformismus
- o der Nudismus
- o der Ökotourismus
- o der Opportunismus
- o der Optimismus
- o der Organismus
- o der Paganismus
- o der Parallelismus
- o der Parlamentarismus
- o der Paternalismus
- o der Patriotismus
- o der Pazifismus
- o der Perfektionismus
- o der Pessimismus
- o der Platonismus
- o der Pluralismus
- o der Populismus
- o der Pragmatismus
- o der Professionalismus
- o der Protektionismus
- o der Protestantismus
- o der Puritanismus
- o der Radikalismus
- o der Rassismus
- o der Rationalismus
- o der Realismus
- o der Rechtsextremismus
- o der Rechtsradikalismus
- o der Republikanismus
- o der Revanchismus
- o der Revisionismus
- o der Sadismus

- o der Schutzmechanismus
- o der Separatismus
- o der Sexismus
- o der Sicherungsmechanismus
- o der Skeptizismus
- o der Snobismus
- o der Sozialismus
- o der Subjektivismus
- o der Surrealismus
- o der Syllogismus
- o der Syndikalismus
- o der Terrorismus
- o der Thatcherismus
- o der Tourismus
- o der Tribalismus
- o der Utilitarismus
- o der Utopismus
- o der Vandalismus
- o der Veganismus
- o der Vegetarismus
- o der Voyeurismus
- o der Vulgarismus
- o der Zionismus
- o der Zündungsmechanismus
- o der Zynismus

Kn-

- o der Knabe
- o der Knacker
- o der Knall
- o der Knebel
- o der Kniff
- o der Knoblauch
- o der Knochen
- o der Knopf
- o der Knüppel

Im więcej spółgłosek na początku lub na końcu rzeczownika, tym większe prawdopodobieństwo, że słowo ma rodzaj męski.[40]

Wyjątek: das Knie

-ling

Rzeczowniki zakończone na -*ling*, ale już niekoniecznie na samo -*ing*,[41] miewają zazwyczaj rodzaj męski, np.

o der Abkömmling (zstępny/pochodna/potomek/latorośl)
o der Ankömmling (przybysz)
o der Dichterling (wierszokleta)
o der Drilling (jeden z trojaczków)
o der Eindringling (intruz)
o der Erdling (Ziemianin)
o der Flüchtling (uchodźca)
o der Frühling (wiosna)
o der Lehrling (uczeń/praktykant)
o der Liebling (ulubieniec)
o der Säugling (niemowlę)
o der Schmetterling (motyl)
o der Schützling (protegowany)
o der Schwächling (słabeusz)
o der Zwilling (bliźnię)

-mpf

o der Dampf (para/opary)
o der Kampf
o der Krampf
o der Rumpf
o der Strumpf
o der Stumpf
o der Sumpf (bagno)
o der Trumpf

-ner

der Kenner (koneser), der Ordner (folder/katalog/segregator)

Wyjątki: das Banner (zapożyczenia są zwykle rodzaju nijakiego), die Wiener (jeśli słowa tego używa się w odniesieniu do *die Wiener Wurst*).

-og

o der Blog (także das Blog)
o der Dialog
o der Herzog
o der Katalog
o der Monolog
o der Smog
o der Sog (ślad, w znaczeniu ślad/smuga pozostawiona przez samolot bądź statek albo ślad/następstwo kryzysu)
o der Trog (koryto/niecka/zbiornik)

-on

der Marathon, der Thron

-pf

Rzeczowniki zakończone na *-pf* mają często rodzaj męski: der Kopf, der Zopf, der Napf, der Knopf, der Kropf, der Pfropf, der Schopf (czupryna), der Topf, der Gugelhupf, der Unterschlupf (schronienie/kryjówka)

Schwa-

der Schwabe, der Schwachsinn, der Schwall, der Schwamm, der Schwan, der Schwank, der Schwanz
Wyjątki: *die Schwalbe* – jaskółka; nazwa ptaka a zarazem

rzeczownik z żeńską końcówką *-e*

-tel

por. hasło powyżej dotyczące końcówki *-el*

-u

zakończenie na nieakcentowane *-u*:
o der Akku (skrót od *der Akkumulator*, akumulator/bateria)
o der Bau
o der Guru
o der Klau
o der Pneu (ta sama męska kategoria co *der Reifen*)
o der Stau
o der Tofu
o der Uhu (gatunek sowy; większe ptaki są zwykle rodzaju męskiego)

Rzeczowniki zakończone na akcentowane *-u* nie wykazują tendencji w kierunku rodzaju męskiego (wszystkie następujące przykłady są zapożyczeniami, przez co przyjmują rodzaj nijaki), np.

o das Adieu
o das Plateau
o das Tabu
o das Tiramisu

-uch

Rzeczowniki zakończone na *-uch* mają rodzaj męski lub nijaki, np.

o der Abbruch
o der Besuch

- der Bruch
- der Einbruch
- der Einspruch
- der Eunuch
- der Fluch
- der Geruch/der Ruch
- der Spruch
- der Umbruch
- der Unterbruch
- der Versuch
- der Zuspruch

Rodzaj nijaki – przykłady:

- das Buch
- das Gesuch (pisemne podanie/prośba/wniosek; dokumenty są często rodzaju nijakiego: *das Schreiben, das Wort, das Papier, das Blatt, das Dokument, das Buch*)
- das Tuch

-ug

der Flug, der Abflug, der Ausflug, der Zug, der Anzug, der Einzug, der Umzug, der Unfug

-und

der Bund, der Grund, der Schund (szmira/tandeta), der Hund, der Fund, der Schwund (ubytek/zanik/strata), der Schlund (gardło), der Mund

Wyjątek: das Pfund – rodzaj nijaki

-us

- o der Abakus
- o der Airbus
- o der Bonus
- o der Bus
- o der Campus
- o der Diskus
- o der Exodus
- o der Fiskus
- o der Fokus
- o der Kaktus
- o der Malus
- o der Modus
- o der Nexus
- o der Radius
- o der Status
- o der Tetanus
- o der Typhus
- o der Typus
- o der Zirkus
- o der Zyklus

Wyjątki mające rodzaj nijaki:

- o das Genus (rodzaj gramatyczny)
- o das Haus
- o das Minus
- o das Opus
- o das Plus
- o das Virus (w kontekście technicznym, naukowym preferuje się *das Virus*, ale w mowie potocznej używa się też rodzajnika *der*)

Wyjątki rodzaju żeńskiego:

- o die Maus (mniejsze zwierzęta, których nazwy nie kończą się na -er, posiadają zwykle rodzaj żeński)
- o die Venus (zarówno rzymska bogini miłości, jak i nazwa planety)

Omawiana zasada dźwięków pozostaje również w związku z długością danego słowa. Badania wykazały, że krótkie, jednosylabowe słowa są w przeważającej mierze rodzaju męskiego, w następnej zaś kolejności nijakiego i żeńskiego.[42]

Jednosylabowe rzeczowniki rodzaju męskiego (zwróć uwagę na częstotliwość występowania spółgłosek na początku i na końcu rzeczowników):

- o der Arm
- o der Darm
- o der Gott
- o der Spott
- o der Schrott
- o der Fuss
- o der Fluss
- o der Guss
- o der Kuss
- o der Schluss
- o der Schuss
- o der Schein
- o der Stein
- o der Wein
- o der Brei
- o der Schrei
- o der Klatsch
- o der Tratsch
- o der Druck
- o der Ruck
- o der Schluck

- o der Schmuck
- o der Schwanz
- o der Kranz
- o der Zins
- o der Mix
- o der Tee
- o der Chip
- o der Clip
- o der Trip

Jednosylabowe rzeczowniki zaczynające się na *Kn-* są przeważnie rodzaju męskiego (zwłaszcza jeśli kończą się na spółgłoskę):

- o der Knack
- o der Knall
- o der Knast
- o der Knauf
- o der Knecht
- o der Knick
- o der Kniff
- o der Knopf

Wyjątek: das Knie

Jednosylabowe rzeczowniki zakończone na *-t* są zwykle rodzaju męskiego:

- o **der Staat**, od którego pochodzi wiele rzeczowników złożonych:

  - o der Agrarstaat
  - o der Bundesstaat
  - o der Dienstleistungsstaat
  - o der Einheitsstaat
  - o der Feudalstaat
  - o der Golfstaat

- o der Industriestaat
- o der Inselstaat
- o der Kirchenstaat
- o der Kleinstaat
- o der Küstenstaat
- o der Mitgliedsstaat
- o der Nachbarstaat
- o der Nationalstaat
- o der Ölstaat
- o der Oststaat
- o der Polizeistaat
- o der Rechtsstaat
- o der Satellitenstaat
- o der Schurkenstaat
- o der Sozialstaat
- o der Stadtstaat
- o der Vasallenstaat
- o der Wohlfahrtsstaat

- **der Markt**, od którego pochodzi wiele często używanych rzeczowników złożonych:

  - o der Agrarmarkt
  - o der Aktienmarkt
  - o der Binnenmarkt
  - o der Devisenmarkt
  - o der Kreditmarkt

- **der Saft**, od którego pochodzą nazwy wszelkich możliwych rodzajów soków:

  der Apfelsaft, der Fruchtsaft, der Hustensaft, der Orangensaft, der Tomatensaft, der Traubensaft, der Zitronensaft

- **der Wert**, od którego pochodzi spora liczba rzeczowników złożonych, stosowanych zwłaszcza w języku technicznym przy określaniu wartości rzeczy:

  - der Anfangswert
  - der Anlagewert
  - der Anpassungswert
  - der Bauwert
  - der Bodenwert
  - der Bruttowert
  - der Buchungswert
  - der Buchwert
  - der Defaultwert
  - der Depotwert
  - der Dezimalwert
  - der Durchschnittswert
  - der Emissionswert
  - der Endwert
  - der Erfahrungswert
  - der Ertragswert
  - der Extremwert
  - der Gegenwert
  - der Geldwert
  - der Gesamtwert
  - der Grenzwert
  - der Grundwert
  - der Handelswert
  - der Höchstwert
  - der Indexwert
  - der Kalorienwert
  - der Kapitalwert
  - der Kaufwert
  - der Kennwert
  - der Kurswert
  - der Marktwert
  - der Maximalwert
  - der Mehrwert

o der Mietwert
o der Mindestwert
o der Mittelwert
o der Nettowert
o der Nominalwert
o der Realwert
o der Restwert
o der Seltenheitswert
o der Sollwert
o der Standardwert
o der Toleranzwert
o der Umrechnungswert
o der Wiederverkaufswert

- der Test, od którego pochodzi wiele rzeczowników złożonych, np. der Abgastest, der Backtest, der Dopingtest

- der Draht (drut), od którego pochodzi wiele rzeczowników złożonych takich jak *der Stacheldraht*, drut kolczasty

- der Bart, der Start, der Wart (osoba za coś odpowiedzialna; od tego słowa pochodzi *der Abwart*), ale *die* Gegenwart, ponieważ to synonim *die Jetztzeit*, *die Präsenz*

- der Hut

- Jednosylabowe rzeczowniki kończące się na *-d* przyporządkowane zostały przeważnie do rodzaju męskiego:

der Brand, der Bund, der Feind, der Fjord, der Fund, der Held, der Herd, der Fond, der Grad, der Hund, der Mond, der Mund, der Neid, der Pfad, der Rand, der Sand, der Stand, der Sold, der Tod, der Trend, der Wind

Zasada 1 *Kategorie* pozwala wyjaśnić większość wyjątków rodzaju nijakiego oraz żeńskiego:

- o jednosylabowe rzeczowniki rodzaju nijakiego kończące się na -*d*: das Bad, das Bild, das Glied, das Kleid, das Gold (metale są zwykle rodzaju nijakiego), das Hemd, das Jod (substancje chemiczne mają przeważnie rodzaj nijaki), das Kind, das Land, das Leid, das Lied, das Rad, das Pferd, das Rind, das Pfund (jednostkom wagi przypisuje się rodzaj nijaki), das Feld, das Wild

- o inne jednosylabowe rzeczowniki rodzaju nijakiego: das Bein (noga), das Blut (krew), das Buch, das Feld, das Floss, das Gut (tak jak w das Kulturgut), das Haar (włos), das Heim, das Herz (serce), das Ja, das Nein, das Jein (odpowiedź pomiędzy „tak" i „nie"), das Kinn (podbródek), das Knie (kolano), das Ohr (ucho), das Ross, das Schloss, das Sein, das Tuch, das Zelt

- o jednosylabowe rzeczowniki rodzaju żeńskiego kończące się na -*d*: die Hand, die Jagd[iv] (polowanie), die Magd, die Wand (kształty płaskie są zazwyczaj rodzaju żeńskiego)

- o inne jednosylabowe rzeczowniki, które mają rodzaj żeński: die Kur, die Uhr, die Nuss

Rzeczowniki powstałe od czasowników przez odrzucenie przyrostka mają zwykle rodzaj męski, np.

- o fallen → der Fall
- o fangen → der Fang
- o fluchen → der Fluch
- o gehen → der Gang
- o hängen → der Hang
- o klingen → der Klang

[iv] żeńskie pochodzenie tego wyrazu zostało wyjaśnione we Wstępie.

- o küssen → der Kuss
- o sprechen → der Spruch
- o zwingen → der Zwang

Niekiedy również mają one rodzaj nijaki, np.
spielen → das Spiel, zelten → das Zelt oraz– rzadziej– żeński:
fliehen → die Flucht, wählen → die Wahl

-x

Rodzaj męski: der Index, der Aktienindex, der DAX (Deutscher Aktienindex), der Bordeaux, der Komplex, der Kodex, der Reflex, der Sex

Rodzaj żeński: die Box (choć to zapożyczenie z języka angielskiego; *Box* ma rodzaj żeński, ponieważ należy do tej samej żeńskiej kategorii co *die Büchse*, puszka); *die Mailbox, die Crux, die Matrix.*

Rodzaj nijaki: das Paradox (wyraz zapożyczony z języka greckiego, co sprawia, że przyjmuje rodzaj nijaki), das Präfix, das Suffix (terminom gramatycznym najczęściej przypisuje się rodzaj nijaki).

Die: Zasady rządzące rodzajem żeńskim rzeczownika

Zasada 1: Kategorie

Liczby i pojęcia matematyczne
die Nummer, die Ziffer, die Zahl, die Null, die Eins, die Drei, die Algebra, die Mathematik, die Geometrie, die Rechnung, die Steuer (podatek)

Czas, a zwłaszcza najkrótsze przedziały czasowe
die Zeit, die Uhr, die Stunde, die Minute, die Sekunde; najdłuższe przedziały czasowe są rodzaju nijakiego: das Jahr, das Jahrzehnt (dekada), das Jahrhundert (wiek), das Jahrtausend (milenium), a okresy średniej długości mają rodzaj męski: der Tag, der Monat

Wyjątek stanowią rzeczowniki o typowo żeńskiej końcowce *-e*: die Woche, die Dekade, die Epoche

Władza, moc i rządy
die Kraft (siła/skuteczność/moc), die Macht (władza/potęga/ moc), die Power, die Leistung, die Energie, die Stärke, die Festigkeit, die Belastbarkeit, die Gewalt (siła/ przemoc), die Befugnis (uprawnienie), die Wucht (impet/siła/ rozmach), die Potenz, die Mächtigkeit, die Herrschaft (panowanie/dominacja/ zwierzchnictwo), die Vollmacht (pełnomocnictwo), die Behörde, die Autorität, die Regierung, die Kontrolle (monitoring/kontrola/nadzór), die Steuerung (kierowanie/ zarządzanie), die Steuer (podatek), die Zahlung (zapłata/ rozliczenie)

Zasady, pozwolenie i ograniczenia
die Regelung (regulacja/przepis/ustalenie/porozumienie), die Justiz, die Erlaubnis, die Frist, die Limitierung, die Grenze, die Begrenzung, die Beschränkung

Wiedza i mądrość
Mądrość jako rzeczownik, zarówno w języku greckim oraz łacińskim, jak również w Biblii (Mt 11,19) tłumaczonej na język angielski, występuje w rodzaju żeńskim. Podobnie w języku niemieckim wyrazy z grupy odnoszącej się do Wiedzy i mądrości przybrały rodzaj żeński: die Art, die Besonnenheit, die Bildung, die Einsicht, die Gerechtigkeit, die Intelligenz, die Justiz, die Kenntnis, die Klugheit, die Kunst, die Methode, die Methodik, die Philosophie, die Ratio, die Sorgfalt, die Technik, die Technologie, die Umsicht, die Vorausschau, die Voraussicht, die Vorsicht, die Vernunft, die Weise, die Weisheit, die Weitsicht

Komunikacja
die Kommunikation, die Rede, die Frage, die Antwort[43], die Replik, die Sprache, die Prosa, die Dichtung, die Sprachform, die Literatur, die Vorstellung, die Präsentation, die Metapher, die Übertragung, die Wiedergabe, die Erwiderung, die Entgegnung, die Besprechung, die Kritik, die Rezension, die Darstellung, die Moderation, die Vorführung, die Fabel, die Floskel (frazes/banał). Wyjątki mogą być wyjaśnione przez zastosowanie Zasady 2. Rzeczowniki rozpoczynające się od *Ge-* są zwykle rodzaju nijakiego, więc spotkamy się z *das Gespräch*, *das Gerede*; natomiast rzeczowniki kończące się na *-og* mają przeważnie rodzaj męski, np. *der Dialog*.

Instrumenty muzyczne
die Musik, die Orgel, die Flöte, die Harfe, die Mundharmonika, die Geige, die Violine, die Konzertina, die Gitarre, die Glocke, die Mandoline, die Oboe, die Trompete[44]

Forma i kształt[45]
die Form, die Gestalt (forma/kształt/postać), die Figur, die
Silhouette, die Gestaltung (projektowanie/układ/kompozycja)

- **Kształty płaskie**

  o die Ablage (taca/półka/stojak)
  o die Bildfläche (powierzchnia obrazu/ekran)
  o die Bohle (belka)
  o die Decke (sufit)
  o die Ebene (poziom/płaszczyzna/warstwa/równina)
  o die Fläche (pole/powierzchnia/płaszczyzna)
  o die Flanke (skraj/flanka/bok)
  o die Fliese (płyta/płytka)
  o die Kulisse (tło)
  o die Mauer (mur)
  o die Platte (płytka/klisza/półmisek/panel/płyta/półka)
  o die Schale (taca)
  o die Scheibe (plaster)
  o die Schublade (szuflada)
  o die Seite
  o die Tafel (tablica szkolna)
  o die Theke (lada/bufet)
  o die Tischplatte (blat stołu/powierzchnia stołu)
  o die Tragfläche (skrzydło samolotu)
  o die Tür
  o die Wand (ściana/bok)

- **Ostre kształty**

  o die Brosche (broszka/szpilka)
  o die Forke (widły)
  o die Gabel (widelec)
  o die Klinge, die Schneide (klinga/ostrze)
  o die Lanze (lanca/kopia)
  o die Nadel (igła)

- o die Schraube (śruba)
- o die Spitze
  (szczyt/koniuszek/ostrze/czubek/szpic/wierzchołek)
- o die Spritze (strzykawka)
- o die Zinke (kolec/ząb/ząbek/ostra końcówka)

- **Przedmioty w kształcie szczypiec**

  - o die Klaue (szpon)
  - o die Kralle (pazur)
  - o die Pratze (hak widłowy)
  - o die Schere (nożyczki)
  - o die Zange (szczypce/obcęgi/kleszcze)

- **Kształty wydrążone**

  - o die Box
  - o die Büchse (skarbonka/puszka)
  - o die Dose (puszka/pojemnik)
  - o die Flasche
  - o die Grotte
  - o die Höhle (jaskinia)
  - o die Hülle (osłona/etui)
  - o die Kiste (skrzynka/paka)
  - o die Röhre
  - o die Schachtel (pudełko)
  - o die Schlucht (wąwóz/kanion/jar)
  - o die Schüssel (miska)
  - o die Trommel (werbel/bęben/bębenek)
  - o die Tube

Większość rzek w Europie Środkowej
die Aare, die Limmat, die Reuss, die Rhone, die Donau, die Mosel, die Elbe, die Weser, die Oder

Wyjątki: der Rhein, der Main oraz rzeki poza kontynentem europejskim kończące się na -*a* lub -*e*

Polowanie
Ta grupa rzeczowników rodzaj żeński zawdzięcza starożytnym boginiom polowania – Artemidzie i Dianie, mamy zatem: die Jagd, die Suche, die Verfolgung, die Hetze, die Flucht, die Wildnis

Jedzenie i pożywienie

o die Nahrung (pożywienie/pokarm/dieta/żywność)
o die Speise (jedzenie/danie/posiłek)
o die Kost (pokarm)
o die Milch (pokarm wytwarzany przez samice ssaków i kobiety)
o die Muttermilch (mleko matki)

Gesty
die Geste (gest), die Gestik, die Gebärde, die Bewegung, die Attitüde, die Körperhaltung, die Körpersprache, die Haltung, die Positur, die Stellung, die Pose

Sygnalizacja morska, marynarka i żaglowce
die Bake (pława), die Boje (boja), die Tonne (boja), die Marine (marynarka), die Handelsmarine, die Kriegsmarine, die Flotte, die Navy, die Jacht/die Yacht

Temperatura – die Temperatur

- **Ciepło i gorące miejsca**
  die Sonne, die Glut (rozżarzony węgielek/żar/skwar), die Wärme, die Hitze, die Wüste, die Sahara, die Hölle, die Heizung, die Wärmesenke (radiator)

- **Zimno i zimne miejsca**
  die Kälte, die Frostigkeit, die Erkältung, die Arktis, die Antarktis, die Kühle

Marki motocykli
die BMW (tylko w przypadku motocyklu, nie samochodu), die Yamaha

Typy samolotów
die Boeing 747, die Challenger, die Tupolew; ale: *der Airbus* z uwagi na *der Bus*

Nazwy statków
rodzajnik *die* występuje tu nawet wtedy, gdy w innym kontekście ten sam rzeczownik miałby rodzaj męski, np. die Bismarck, die Titanic, pomijając również kategorię statków, która z zasady ma rodzaj nijaki (das Schiff, das Boot)

Nazwy zwierząt mające końcówki charakterystyczne dla rodzaju żeńskiego -*e* (die Schildkröte, die Giraffe – choć nie zawsze) lub -*in* (die Löwin), nazwy udomowionych zwierząt hodowanych dla mleka (die Kuh, die Geiss, die Ziege), lub jaj (die Gans, die Henne), lub nazwy mniejszych zwierząt mających końcówkę inną niż -*er* np. die Maus, są najczęściej rodzaju żeńskiego

Niektóre gatunki ptaków są rodzaju żeńskiego (dotyczy to zwłaszcza tych mniejszych): die Amsel (kos), die Drossel (drozd), die Ente (kaczka), die Elster (sroka; występuje tu rzadki przypadek końcówki -*er* dla rzeczownika rodzaju żeńskiego, który wcześniej kończył się na głoskę -*a*, czyli miał typowo żeńską końcówkę), die Eule (sowa), die Gans (gęś), die Krähe (wrona), die Möwe (mewa), die Nachtigall (słowik), die Schwalbe (jaskółka), die Taube (gołąb), die Wachtel (przepiórka)

Rzadko spotykanymi wyjątkami od tej reguły są nazwy ptaków mające rodzaj męski mimo końcówki kojarzonej z rzeczownikami rodzaju żeńskiego: der Falke (sokół), der Papagei (papuga)

Wielu nazwom owadów przypisuje się rodzaj żeński
(zwłaszcza jeśli mają żeńską końcówkę -e): die Ameise, die
Biene, die Fliege, die Grille, die Libelle, die Mücke, die Spinne,
die Wespe, die Zecke, die Zikade; istnieje także bardzo duża
grupa owadów, których nazwy posiadają końcówki typowe dla
rzeczowników rodzaju męskiego np. der Floh, der Käfer

Liczne nazwy gatunków drzew mają rodzaj żeński
die Buche (buk), die Eiche (dąb), die Birke, die Kiefer, die
Palme, die Pappel (topola), die Tanne
Wyjątki obejmują m.in.: der Ahorn (klon), der Wacholder
(jałowiec)

Kwiaty (zwłaszcza jeśli ich nazwy kończą się na literę -e
wyróżniającą rzeczowniki rodzaju żeńskiego): die Rose, die
Tulpe, die Nelke (goździk), die Mimose, die Chrysantheme; z
kilkoma wyjątkami, zwłaszcza w przypadku rzeczowników z
końcówką -en umożliwiającą tworzenie zdrobnień i typową dla
rodzaju nijakiego: das Stiefmütterchen (bratek), das Veilchen
(fiołek)

Owoce
die Ananas, die Apfelsine, die Aprikose, die Banane, die Birne,
die Erdbeere, die Dattel, die Feige, die Guave, die Grapefruit,
die Kiwi, die Kirsche, die Kokosnuss, die Kumquat, die Litschi,
die Mandel, die Mango, die Melone, die Nuss, die Orange, die
Pflaume, die Quitte, die Zitrone

Wyjątki der Apfel, der Granatapfel, der Pfirsich wynikające z
zastosowania Zasady 2 *Dźwięków*: rzeczowniki kończące się na
-el są w większości rodzaju męskiego, podobnie jak rzeczowniki
wyróżniające się nagromadzeniem spółgłosek w części
początkowej i końcowej wyrazu, np. *der Pfirsich*)

Pasta do zębów i marki past do zębów: die Zahnpasta, die
Colgate.

Krój pisma: die Helvetica

Oprogramowanie: die Software (synonim *die Programmausstattung*), die Malware, die Ransomware (*die Erpressersoftware*), die Applikation (od którego pochodzi skrót *die App* lub jeśli postrzega się słowo *App* jako powiązane z *das Programm*, wówczas można przypisać mu rodzaj nijaki – w przypadku *App* obydwa wymienione rodzaje uznaje się za poprawne)

Rzeczowniki oznaczające kobiety i funkcje zazwyczaj przez nie pełnione: die Mutter, die Tochter, die Frau, die Schwester, ale nie zawsze

Wyjątki: das Mädchen (z uwagi na *Zasadę 2*: zdrobnienia są rodzaju nijakiego). Zwykle używa się końcówki *-in*, aby wyraźnie wskazać, że dane stanowisko zajmuje kobieta: die Lehrerin, die Kaiserin, die Königin, die Ärztin.

Zasada 2: Dźwięki

W języku niemieckim, podobnie jak w łacinie i grece, istnieje większe prawdopodobieństwo, że słowa z końcówkami *-a* i *-e* mają rodzaj żeński.

-a

Rzeczowniki kończące się na głoskę *-a* bywają najczęściej rodzaju żeńskiego, zwłaszcza jeśli pochodzą od rzeczowników łacińskich lub greckich posiadających końcówkę *-a*, choć nie dzieje się tak we wszystkich przypadkach, np.: die Ära, die Agenda, die Algebra, die Angina, die Aorta, die Arena, die Aula, die Diva, die Fauna, die Flora, die Gala, die Kamera, die Lava, die Lira, die Mama, die Malaria, die Pasta, die Paella, die Peseta, die Pizza, die Quinoa, die Sauna, die Siesta, die Villa, die Viola

Wyjątki: Rzeczowniki zapożyczone z języka greckiego kończące się na -*ma*:

o das Aroma
o das Asthma
o das Charisma
o das Dilemma
o das Dogma
o das Drama
o das Klima
o das Komma
o das Magma
o das Plasma
o das Schema
o das Schisma
o das Sperma
o das Stigma
o das Thema
o das Trauma

ale: *die Firma* (ponieważ nie wywodzi się z języka greckiego i stanowi synonim *die Gesellschaft*)

-acht

die Acht, die Fracht, die Macht, die Pracht, die Jacht/Yacht, die Pacht, die Tracht, die Wacht (strażnik), die Zwietracht (niezgoda), die Eintracht (harmonia); ale: *der Verdacht* (podejrzenie)

-ade

die Arkade, die Akkolade, die Ballade, die Barrikade, die Brigade, die Blockade, die Marmelade, die Fassade, die Dekade, die Eskapade, die Parade, die Gnade, die Gerade, die Kaskade, die Schublade, die Limonade, die Marinade, die Passage, die Schokolade, die Olympiade, die Promenade, die Roulade, die Serenade, die Tirade

-age

die Garage, die Montage, die Etage, die Spionage, die Persiflage, die Blamage

-anz

die Bausubstanz, die Bilanz, die Brillanz, die Diskrepanz, die Dominanz, die Eleganz, die Instanz, die Toleranz (ale: *der Kranz*, ponieważ słowa jednosylabowe są zazwyczaj rodzaju męskiego)

-art

Niektóre rzeczowniki utworzone od *die Art*: die Eigenart, die Gangart, die Sportart, die Tonart

-e

Rzeczowniki kończące się na -*e* w około 90 procentach przypadków są rodzaju żeńskiego.[46] Rzeczowniki zakończone na -*e* mają najczęściej rodzaj żeński, o ile nie oznaczają osoby płci męskiej (np. der Junge) i nie zaczynają się od nieakcentowanej sylaby *Ge-* (np. der Gedanke). Dalsze wyjątki zostały omówione poniżej. Rzeczowniki z przyrostkiem -*e* są zawsze rodzaju żeńskiego: reden → die Rede, flach → die Fläche. Ponadto trzeba zauważyć, że dodanie litery -*e* na końcu rzeczownika oznacza, że jest ona wymawiana. Automatycznie powoduje to, iż nawet krótkie słowa zakończone na głoskę -*e* muszą mieć więcej niż jedną sylabę. Fakt ten pomaga wyjaśnić, dlaczego jednosylabowe słowa rzadziej mają rodzaj żeński — statystycznie istnieje bowiem większe prawdopodobieństwo, że są rodzaju męskiego.

Przykłady rzeczowników rodzaju żeńskiego kończących się na -e:

die Adresse, die Ameise, die Analyse, die Banane, die Beute, die Biene, die Bitte, die Blume, die Bremse, die Brücke, die Decke, die Diagnose, die Ebbe, die Ecke, die Ehe, die Erde, die Fahne, die Falle, die Farbe, die Flagge, die Fliege, die Flöte, die Frage, die Freude, die Gasse, die Giraffe, die Gitarre, die Grenze, die Hose, die Jacke, die Kanne, die Kante, die Kappe, die Karte, die Kirsche, die Klasse, die Kleie (otręby), die Krabbe, die Kreide, die Krise, die Krücke, die Lampe, die Liebe, die Lippe, die Liste, die Lücke, die Lüge, die Lunge, die Masse, die Matte, die Melone, die Messe, die Minute, die Motte, die Narbe, die Nase, die Nonne, die Oase, die Oboe, die Pause, die Pfanne, die Pflanze, die Pflaume, die Presse, die Rasse, die Ratte, die Reise, die Rolle, die Sache, die Schlange, die Schnecke, die Schokolade, die Schule, die Seele, die Seite, die Sekunde, die Socke, die Sonne, die Sorge, die Spange, die Speise, die Spinne, die Sprache, die Strasse, die Strecke, die Stunde, die Suche, die Summe, die Suppe, die Taille (talia), die Tanne, die Tasse, die Toilette, die Tomate, die Tonne, die Treue, die Trompete, die Vase, die Violine, die Waffe, die Wange, die Wespe, die Wiese, die Wonne (rozkosz), die Zange, die Zecke, die Zelle, die Zinswende, die Zunge

Wyjątki: Nieco mniej niż 10 procent rzeczowników kończących się na -e jest rodzaju męskiego.[47] Ponieważ, statystycznie rzecz biorąc, końcówka -e nie jest typowo męskim zakończeniem, niektóre mające ją wyrazy nazywane są „rzeczownikami słabymi" (schwache Nomen). Część z nich bywa także alternatywnie określana jako należąca do „die N-Deklination" z uwagi na fakt, że rzeczowniki te otrzymują dodatkową końcówkę -n w dopełniaczu, celowniku i bierniku liczby pojedynczej.

Przykłady rzeczowników rodzaju męskiego kończących się na -*e*:

o der Buchstabe
o der Junge
o der Friede
o der Funke
o der Gedanke
o der Name
o der Same
o der Wille

Nazwy niektórych narodowości kończące się na -*e* mają rodzaj męski:

der Afghane, der Baske, der Brite, der Bulgare, der Chinese, der Däne, der Franzose, der Grieche, der Ire, der Kroate, der Kurde, der Mongole, der Pole, der Russe, der Schotte, der Türke

Niektóre nazwy opisujące osoby/funkcje kończące się na -*e* mają rodzaj męski:

o der Angsthase
o der Bote
o der Bube
o der Bursche
o der Erbe (spadkobierca; spadek = *das Erbe*)
o der Experte
o der Gatte
o der Gefährte (towarzysz)
o der Heide
o der Insasse
o der Junge
o der Junggeselle
o der Knabe
o der Kollege
o der Kommilitone (kolega ze studiów/kolega z klasy)

- o der Komplize
- o der Kunde
- o der Laie
- o der Neffe
- o der Riese
- o der Sklave
- o der Zeuge

Niektóre nazwy zwierząt zakończone na -e są rodzaju męskiego:

- o der Affe
- o der Bulle
- o der Drache
- o der Hase
- o der Falke
- o der Löwe
- o der Ochse
- o der Rabe
- o der Schimpanse
- o der Welpe (szczeniak/szczenię – nietypowy wyjątek od reguły mówiącej, że zdrobnieniom przypisuje się rodzaj nijaki)

Nazwy niektórych zawodów kończące się na -e są rodzaju męskiego:

der Biologe, der Gynäkologe, der Pädagoge, der Soziologe, der Stratege (strateg)

Często używany rzeczownik rodzaju męskiego z końcówką -e to *der Käse* Pochodzi on od łacińskiego wyrazu *caseus*, który w rodzaju męskim przeszedł do języka niemieckiego w czasie, gdy w języku tym istniało już słowo rodzime dla nazwania sera miękkiego, *der Quark*

Mniej niż 1 procent rzeczowników kończących się na -e jest rodzaju nijakiego[48]:

- das Auge
- das Ende
- das Erbe (spadek, dziedzictwo; spadkobierca = *der Erbe*)
- das Finale (zapożyczenie z języka włoskiego)
- das Genre (zapożyczenie z języka francuskiego, co wskazuje na rodzaj nijaki)
- das Image (zapożyczenie z języka francuskiego)
- das Interesse (latynizm, więc jako wyraz zapożyczony posiada rodzaj nijaki)
- das Karate (dyscypliny sportowe są zazwyczaj rodzaju nijakiego)
- das Konklave (słowo pochodzenia łacińskiego, co warunkuje jego rodzaj nijaki, ponadto należy do tej samej kategorii rzeczowników rodzaju nijakiego co *das Gemach*, wyraz oznaczający pokój, komnatę lub mieszkanie)
- das Prestige (zapożyczenie z języka francuskiego)
- das Prozedere (zapożyczenie z języka włoskiego)
- das Regime (zapożyczenie z języka francuskiego)

Rzeczowniki kończące się na -*e*, ale zaczynające na *Ge-* co skutkuje przypisaniem im rodzaju nijakiego:

- das Gebäude
- das Gebirge
- das Gefrage
- das Gemälde

Rzeczowniki utworzone od przymiotników, przez co przyjmują rodzaj nijaki: das Gute, das Böse

-ee

- die Allee (synonim *die Strasse*)
- die Armee (synonim *die Wehrmacht, die Wehr, die Bundeswehr, die Abwehr*, skąd pochodzi także *die Feuerwehr*)

- o die Fee
- o die Idee
- o die Matinee
- o die Moschee
- o die Odyssee
- o die Orchidee
- o die Soiree
- o die Tournee

Istnieje też ważny rzeczownik *die See* (morze), który oznacza jezioro, jeśli używa się go z rodzajnikiem męskim (*der See*), ponieważ wody śródlądowe, takie jak rzeki, sztuczne zbiorniki i kanały, mają rodzaj męski. Podobną sytuację spotyka się w języku angielskim, ponieważ w niektórych przypadkach jezioro (lake) może być także nazywane morzem (sea), np. „the Sea of Galilee" (Jezioro Galilejskie). Warto zauważyć, że w języku niemieckim funkcjonuje kilka rzeczowników nazywających morze, a każdy z nich ma inny rodzaj: *die See* (morze), *das Meer* (używane w odniesieniach do spokojnego morza lub akwenu) oraz *der Ozean* (ocean: wielkie morze pomiędzy kontynentami). Rzeczownik „jezioro" jest więc wystarczająco silny, aby złamać *Zasadę 1* głoszącą, że kategorie podobnych rzeczy mają zwykle ten sam rodzaj.

Wyjątki rodzaju nijakiego (zazwyczaj są to zapożyczenia, co wyjaśnia ich rodzaj nijaki):

- o das Exposee/Exposé
- o das Frisbee
- o das Komitee
- o das Kanapee/ Canapé
- o das Püree
- o das Klischee
- o das Kommunikee/Kommuniqué
- o das Negligee/Negligé
- o das Renommee
- o das Resümee

o das Soufflee/Soufflé

-erei

Jeśli rzeczownik został utworzony od innego rzeczownika lub czasownika przez dodanie końcówki -erei, wówczas wyraz ten zawsze przyjmuje rodzaj żeński.

o die Angeberei (bufonada)
o die Aufschneiderei (przechwałki)
o die Augenwischerei (mydlenie oczu/udawanie)
o die Bäckerei (piekarnia)
o die Bauernfängerei (kanciarstwo)
o die Beisserei (walka połączona z gryzieniem przeciwnika)
o die Bergsteigerei (wspinaczka górska)
o die Betrügerei (oszustwo/przekręt)
o die Bildhauerei (rzeźba)
o die Brandmalerei (pirografia)
o die Brauerei (browar)
o die Brennerei (gorzelnia)
o die Bücherei (księgarnia)
o die Druckerei (drukarnia)
o die Duzerei (nieformalny sposób zwracania się do ludzi przez używanie formy drugiej osoby liczby pojedynczej *du*, zamiast bardziej formalnego Pan/Pani, czyli *Sie*)
o die Effekthascherei (efekciarstwo)
o die Faulenzerei (leniuchowanie)
o die Feinbäckerei (cukiernia)
o die Fischerei (rybołówstwo lub rybactwo)
o die Fleischerei (masarnia)
o die Flickerei (łatanina)
o die Fliegerei (lotnictwo/latanie)
o die Flunkerei (bujanie/blagowanie)
o die Försterei (leśniczówka)
o die Freibeuterei (korsarstwo)
o die Freimaurerei (wolnomularstwo)
o die Gaunerei (oszustwo)

o die Geheimniskrämerei (tajemniczość)
o die Geheimnistuerei (dyskrecja)
o die Geheimtuerei (zmowa)
o die Gerberei (garbarnia)
o die Giesserei (odlewnia)
o die Gleichmacherei (urawniłowka/usuwanie różnic)
o die Haarspalterei (dzielenie włosa na czworo)
o die Hehlerei (paserstwo)
o die Heimlichtuerei (bycie skrytym)
o die Hellseherei (jasnowidztwo)
o die Hexerei (czary)
o die Imkerei (pszczelarstwo)
o die Jägerei (myślistwo)
o die Kaffeerösterei (palarnia kawy)
o die Käserei (serowarnia)
o die Kellerei (winiarnia)
o die Ketzerei (herezja)
o die Kinderei (dziecinada)
o die Klempnerei (hydraulika)
o die Kletterei (wspinaczka)
o die Knallerei (łomot)
o die Küsserei (ciągłe całowanie się)
o die Landstreicherei (włóczęgostwo)
o die Lautmalerei (onomatopeja)
o die Leichenfledderei (okradanie zmarłych)
o die Liebedienerei (lizusostwo lub schlebianie)
o die Liebhaberei (hobby)
o die Lügerei (ciągłe kłamanie)
o die Malerei (malarstwo)
o die Massenschlägerei (masowa bójka/ogólna bijatyka)
o die Metzgerei (rzeźnia)
o die Meuterei (bunt)
o die Molkerei (mleczarnia)
o die Rechthaberei (despotyzm/apodyktyczność)
o die Reederei (przedsiębiorstwo żeglugowe)
o die Schlamperei (niechlujstwo)
o die Schlemmerei (obżarstwo)

o die Schönfärberei (udawanie, że sprawy mają się lepiej niż w rzeczywistości)
o die Schreinerei (stolarnia)
o die Schufterei (harówka)
o die Schurkerei (łotrostwo)
o die Schwarzmalerei (wieczne przedstawianie sytuacji w czarnych barwach/pesymizm)
o die Schweinerei (oszustwo/bajzel)
o die Seeräuberei (korsarstwo)
o die Sklaverei (niewolnictwo)
o die Vereinsmeierei (przesadne poczucie ważności wynikające z przynależności do jakiegoś klubu lub klubów)
o die Vielweiberei (poligamia)
o die Völlerei (obżarstwo)
o die Waffenmeisterei (zbrojownia)
o die Wahrsagerei (wróżbiarstwo)
o die Weberei (tkalnia)
o die Wichtigtuerei (zgrywanie ważniaka)
o die Wilddieberei (kłusownictwo)
o die Wortklauberei (spieranie się o szczegóły)
o die Zahlenspielerei (granie w gry liczbowe)
o die Zauberei (czary)
o die Zuhälterei (stręczycielstwo)
o die Zuträgerei (donosicielstwo, plotkowanie)

Rzeczowniki rodzaju żeńskiego kończące się na -*ei*, ale nie na -*erei*: die Abtei, die Anwaltskanzlei, die Arznei, die Bastelei, die Bettelei, die Bummelei, die Bundeskriminalpolizei, die Bundespartei, die Detektei, die Polizei, die Kanzlei, die Partei

Wyjątki: Rzeczowniki rodzaju nijakiego zakończone na -*ei*: das Ei, das Geschrei (przedrostek *Ge-* determinuje rodzaj nijaki).

Rzeczowniki rodzaju męskiego kończące się na -*ei*: der Papagei (większe ptaki są z reguły rodzaju męskiego), der Schrei (jednosylabowy rzeczownik będący synonimem *der Ruf, der Hilferuf*).

-enz

die Intelligenz, die Konsequenz, die Existenz, die Tendenz, die Frequenz

-falt

die Vielfalt, die Sorgfalt

-grafie/graphie

die Biografie, die Orthografie

-heit

die Dummheit, die Freiheit, die Gesundheit, die Sicherheit, die Wahrheit (ale *das Fahrenheit*, ponieważ jednostki pomiaru temperatury są zazwyczaj rodzaju nijakiego)[49]

-icht

Rzeczownik *Sicht* jest rodzaju żeńskiego, a występując w kilku rzeczownikach jako rdzeń, determinuje ich żeński rodzaj; warto zauważyć, że słowa te należą do jednej kategorii Mądrość i wiedza:

o die Sicht (spojrzenie, punkt widzenia, perspektywa)
o die Absicht (zamiar)
o die Ansicht (widok/opinia)
o die Aufsicht (nadzór)
o die Aussicht (perspektywa/widok)
o die Einsicht (wgląd/zrozumienie)
o die Hinsicht (wzgląd/aspekt)
o die Nachsicht (wyrozumiałość)
o die Übersicht (zarys)
o die Umsicht (roztropność/przezorność/rozwaga)

o die Vorsicht (ostrożność)

W tej kategorii żeńskich rzeczowników znajdują się także *die Gicht* (dna), *die Nachricht*, *die Pflicht*, *die Schicht* (pokład/warstwa/klasa).

Biorąc pod uwagę fakt, że rzeczowniki zaczynające się na *Ge-* są zwykle rodzaju nijakiego, mamy:

o das Gedicht
o das Gericht
o das Gesicht
o das Gewicht

Inne rzeczowniki rodzaju nijakiego z tą końcówką obejmują *das Licht* wraz z wieloma wyrazami pochodnymi w tym *das Zwielicht* (półmrok).

Rzeczowniki męskie kończące się na *-icht* obejmują:

o der Bericht (słowo oznaczające raport i mające związek z *der Unterricht* — nauczanie/lekcja/nauka, które było niegdyś bardziej męskim zajęciem)
o der Bösewicht (łobuz)
o der Habicht (jastrząb)
o der Verzicht (rezygnacja/zrzeczenie się)
o der Wicht (chochlik/kreatura)

-ie

Rzeczowniki kończące się na *-ie* w 95 procentach przypadków są rodzaju żeńskiego:[50] die Biologie, die Demokratie, die Diplomatie, die Familie, die Magie, die Melodie, die Monotonie, die Philosophie, die Psychologie, die Studie

Wyjątki: Rzeczowniki rodzaju męskiego kończące się na *-ie*

zwykle odnoszą się do osób: der Hippie, der Junkie

Słowa rodzaju nijakiego kończące się na *-ie* to najczęściej rzeczowniki nieżywotne lub zaczynające się na *Ge-*: das Knie, das Genie, das Selfie

-ik

die Musik, die Politik, die Physik, die Klassik, die Gotik, die Romantik, die Kritik, die Logik, die Ethik, die Symbolik, die Mechanik (wyjątek rodzaju nijakiego: *das Mosaik*, ta sama kategoria co *das Bild*)

-in

die Doktrin (doktryna) oraz nazwy wykonywanych zawodów i sprawowanych funkcji, utworzone przez dodanie żeńskiej końcówki *-in*, np. die Ärztin, die Studentin

Wyjątki: Rzeczowniki męskie z końcówką *-in*

o der Cousin (kuzyn, synonym *der Vetter*)
o der Delphin (większe ssaki mają zwykle rodzaj męski)
o der Harlekin (arlekin)
o der Kamin (kominek/komin, synonim *der Schornstein*)
o der Rosmarin (nazwy wielu przypraw są przyporządkowane do rodzaju męskiego)
o der Termin (zapożyczenie z łaciny synonimiczne do *der Grenzstein*, oznaczające też *der Zeitpunkt*)
o der Urin (produktom przemiany materii przypisuje się zwykle rodzaj męski; rodzimy synonim *der Harn* ma również rodzaj męski)

Wyjątki: Rrzeczowniki rodzaju nijakiego z końcówką *-in* często oznaczające substancje chemiczne), np.

o das Adrenalin

o das Benzin
o das Cholesterin
o das Hämoglobin
o das Heroin
o das Insulin
o das Toxin

-itis/-tis

Terminy medyczne, takie jak die Appendizitis, die Arthritis, die Gastroenteritis, die Konjunktivitis, die Meningitis, die Parodontitis, die Sinusitis. Nazwy dwóch kontynentów z tą końcówką mają rodzaj żeński: die Arktis, die Antarktis

-keit

die Möglichkeit, die Schnelligkeit, die Schwierigkeit, die Unzulänglichkeit (niedostatek/niedociągnięcie)

-logie

die Biologie, die Meteorologie

-t

Rzeczowniki odczasownikowe kończące się na -t:

o die Ankunft (ankommen)
o die Arbeit (arbeiten)
o die Fahrt (fahren)
o die Geburt (gebären)
o die Haft (haften)
o die Schrift (schreiben)
o die Sicht (sehen)
o die Tat (tun)

Niektóre jednosylabowe rzeczowniki rodzaju żeńskiego kończące się na *t*:

o die Faust (pięść; ta sama żeńska kategoria co *die Hand*)
o die Flut (należy do tej samej kategorii rzeczowników rodzaju żeńskiego co *die Strömung, die Überschwemmung, die Ebbe, die Wassermasse*)
o die Frist (termin; wiele rzeczowników odnoszących się do czasu oraz ograniczeń jest rodzaju żeńskiego)
o die Front (ta sama kategoria rzeczowników rodzaju żeńskiego co *die Vorderseite, die Gefechtslinie*)
o die Haft (ta sama kategoria co *die Gefangenschaft, die Beschlagnahme, die Gefangennahme, die Fesselung*)
o die Haut (ta sama kategoria co *die Schale, die Umhüllung)*
o die Not (ta sama kategoria co *die Schwierigkeit, die Bedrängnis*)
o die Pest (słowo utworzone od *die Pestilenz*; ta sama kategoria co *die Epidemie, die Plage, die Seuche, die Qual*)
o die Welt (ta sama kategoria co *die Erde, die Erdkugel*)
o die Wut (ta sama kategoria co *die Raserei, die Erregung*)

Wyjątki: Rzeczowniki rodzaju nijakiego: das Blut (krew), das Fett (rzeczowniki kończące się na *-ett* mają przeważnie rodzaj nijaki), das Nest (ta sama kategoria rzeczowników rodzaju nijakiego co *das Heim, das Bett*).

Rzeczowniki rodzaju męskiego: der Geist (przez co wszystkie trzy Osoby Trójcy Świętej mają przyporządkowany rodzaj męski: der Vater, der Sohn und der Heilige Geist); der Test, der Rest.

-ft

Istnieje bardzo duże prawdopodobieństwo, że dany rzeczownik kończący się na *-ft* będzie rodzaju żeńskiego: die Haft, die Kraft, die Luft, die Vernunft. Zważywszy przy tym, że słowa zaczynające się na *G-* przyjmują zwykle rodzaj nijaki, wyjątek *das Gift* nie powinien budzić zbytniego zdziwienia.

-cht

Rzeczowniki z końcówką *-cht* w 64 procentach przypadków są rodzaju żeńskiego:[51]

o die Absicht (zamiar)
o die Acht (liczby są rodzaju żeńskiego)
o die Bucht (zatoka)
o die Drogensucht (uzależnienie od narkotyków)
o die Eifersucht (zazdrość)
o die Eintracht (harmonia)
o die Fettsucht (otyłość)
o die Fracht (fracht/cargo/ładunek/przewóz)
o die Gefallsucht (zalotność)
o die Gelbsucht (żółtaczka)
o die Gewinnsucht (nadmierna zachłanność)
o die Habsucht (chciwość)
o die Ichsucht (egoizm)
o die Macht (potęga/siła/władza)
o die Magersucht (anoreksja)
o die Nacht (noc/nocna pora; słowo pasujące do żeńskiej kategorii rzeczowników o podobnym znaczeniu takich jak *die Dunkelheit, die Finsternis, die Düsterkeit*)
o die Pflicht (obowiązek/powinność/zobowiązanie/zadanie)
o die Pracht (przepych/wspaniałość/świetność)
o die Sehnsucht (tęsknota/pragnienie/nostalgia)
o die Selbstsucht (samolubstwo)
o die Sicht (spojrzenie, punkt widzenia, perspektywa)
o die Spielsucht (uzależnienie od hazardu/nałóg hazardu)
o die Streitsucht (kłótliwość)
o die Sucht (nałóg)
o die Tobsucht (furia/szał)
o die Trunksucht (alkoholizm)
o die Wassersucht (schorzenie: puchlina wodna)

Rzeczowniki kończące się na *-cht* w 22 procentach przypadków są rodzaju męskiego i najczęściej odnoszą się do osób: der Wicht (chochlik/kreatura), der Bösewicht (łobuz).

Rzeczowniki o końcówce *-cht* są rodzaju nijakiego w 15 procentach przypadków, zwłaszcza jeśli rzeczownik odnosi się do przedmiotów nieożywionych oraz/lub zaczyna na *Ge-*: das Gesicht (twarz).

-orm

die Form (od którego pochodzą: die Anredeform, die Plattform, die Reform, die Staatsform, die Uniform), die Norm

-tät

die Aktivität, die Elektrizität, die Identität, die Integrität, die Kapazität, die Lokalität, die Majestät, die Marktvolatilität, die Nationalität, die Pietät, die Priorität, die Qualität, die Universität

-thek

die Bibliothek, die Diskothek

-tion, -sion, -gion, -xion, -lion, -nion

die Nation, die Mission, die Religion, die Reflexion, die Million, die Union, die Diskussion, die Koalition, die Situation, die Funktion

-schaft

o die Botschaft (ambasada/przesłanie)
o die Bruderschaft (braterstwo/bractwo)
o die Eigenschaft (cecha/właściwość/charakter/przymiot)
o die Freundschaft

- die Genossenschaft (spółdzielnia)
- die Gesellschaft
- die Herrschaft
  (panowanie/władza/dominacja/zwierzchnictwo)
- die Hiobsbotschaft (złe wiadomości/hiobowe wieści)
- die Mannschaft (drużyna/zespół/załoga/ekipa)
- die Seilschaft (klika)
- die Wirtschaft

-sis

die Basis, die Dosis, die Genesis, die Katharsis, die Skepsis

-ung

Istnieje bardzo duże prawdopodobieństwo, że rzeczownik z końcówką -*ung*, zwłaszcza jeśli ma więcej niż jedną sylabę, będzie rodzaju żeńskiego:

- die Abteilung
- die Abwägung (np. die Kosten-Nutzen-Abwägung)
- die Anlegerstimmung
- die Bedeutung
- die Bedingung
- die Beobachtung
- die Beratung
- die Bewegung
- die Beziehung
- die Bildung
- die Einführung
- die Endung
- die Erfahrung
- die Erfindung
- die Erklärung
- die Erzählung
- die Erziehung
- die Forschung

- o die Handlung
- o die Landung
- o die Leistung
- o die Leitung
- o die Lösung
- o die Neigung
- o die Öffnung
- o die Ordnung
- o die Prüfung
- o die Regierung
- o die Rettung
- o die Richtung
- o die Sammlung
- o die Sendung
- o die Siedlung
- o die Spannung
- o die Stimmung
- o die Übung
- o die Veränderung
- o die Verbindung
- o die Verfolgung
- o die Verletzung
- o die Vorlesung
- o die Währung
- o die Warnung
- o die Werbung
- o die Wirkung
- o die Wohnung
- o die Zeichnung
- o die Zeitung

Jednosylabowe wyjątki od reguły dotyczącej końcówki *-ung* jako wyznacznika rodzaju żeńskiego zawdzięczają swój rodzaj męski zasadzie, według której większość wyrazów o jednej sylabie jest rodzaju męskiego, to:

- o der Dung (obornik/gnój/łajno)

o der Schwung (*der Aufschwung, der Umschwung*)
o der Sprung (i stąd *der Absprung, der Ursprung*)

-ur (ale nie -*eur*[52])

Rzeczowniki kończące się na -*ur* lub -*ür* w 93 procentach przypadków są rodzaju żeńskiego:[53]

o die Agentur
o die Armatur (armatura/osprzęt)
o die Frisur
o die Glasur
o die Kultur
o die Literatur
o die Natur
o die Reparatur
o die Spur
o die Tastatur
o die Temperatur

Wyjątki: Rodzaj męski pojawia się w przypadku 5 procent rzeczowników z tą końcówką, np. der Merkur (Merkury należy do tej samej szerszej kategorii co *der Mars*, *der Saturn*, *der Jupiter* oraz *der Neptun*).

Rodzaj nijaki pojawia się w przypadku 2 procent rzeczowników z tą końcówką, np. das Abitur — zapożyczenie z języka łacińskiego: *abiturium*.

-ür

die Tür, die Willkür (ale *das* Gespür, ponieważ rzeczowniki zaczynające się na *Ge-* mają najczęściej rodzaj nijaki)

Das: Zasady rządzące rodzajem nijakim rzeczownika

Zasada 1: Kategorie

Odniesienia do kategorii nadrzędnych lub wyższego poziomu, jak również zbiory przedmiotów nieożywionych są zwykle rodzaju nijakiego (por. Rysunek 1 we Wstępie schematycznie ilustrujący tę regułę):

o das All/das Universum: Wszechświat jest rodzaju nijakiego, natomiast jego liczne części składowe mają wszystkie trzy rodzaje
o das Alter/das Altertum/das Altsein
o das Besteck: der Löffel, die Gabel, das Messer
o das Ding
o das Erzeugnis: das Glaserzeugnis
o das Fleisch
o das Gerät
o das Gesicht: der Mund, die Nase, das Ohr
o das Geflügel (drób): der Hahn, die Henne, das Küken
o das Getränk: der Wein, der Saft
o das Gewürz: der Pfeffer, das Salz
o das Gut: das Massengut, das Kulturgut, das Landgut
o das Insekt
o das Instrument
o das Kleid: das Abendkleid, das Brautkleid
o das Mahl: das Essen
o das Mehl
o das Material
o das Obst

- das Pferd
- das Produkt: das Agrarprodukt, das Industrieprodukt
- das Rind: der Bulle, die Kuh, das Kälbchen
- das Schiff/das Boot
- das Tier
- das Wild (dziczyzna)
- das Wort
- das Zeug: das Werkzeug

Litery alfabetu
das A, das B, łącznie z *das Eszett* (litera ß)

Nazwy języków są z reguły rodzaju nijakiego
das Deutsch, das Englisch, das Latein

Niektóre terminy gramatyczne/części mowy
das Adjektiv, das Attribut, das Futur (czas przyszły), das Perfekt (czas przeszły dokonany), das Präfix, das Präteritum (czas przeszły), das Nomen, das Substantiv, das Suffix, das Verb, das Wort, das Komma

Wyjątki: Przypadki gramatyczne i niektóre części mowy (ponieważ przynależą do męskiej kategorii Przypadek: *der Kasus, der Fall*) takie jak *der Nominativ, der Akkusativ, der Dativ, der Infinitiv, der Superlativ*

Rzeczowniki utworzone od bezokoliczników
das Essen, das Schreiben, das Laufen, das Schwimmen

Rzeczowniki utworzone od przymiotników (nieodnoszące się do konkretnej osoby lub rzeczy)
das Gute, das Böse, das Schöne, das Ungeheure (słowo nazywające coś olbrzymiego, ogromnego, bezkresnego), das Neue, das Gleiche, das Ganze

Kolory
das Blau, das Rot, das Gelb, das Hellgrün, das Dunkelbraun, das

Lila/das Violett. Należy zauważyć, że niektóre kolory mają taką samą nazwę jak inne przedmioty o odmiennych rodzajach, np. barwa turkusowa *das Türkis*, tj. zielono-niebieska, powstała od nazwy kamienia *der Türkis*)

Nazwy kontynentów, krajów, regionów, miast i dolin są w ogromnej większości przypadków rodzaju nijakiego.

Zazwyczaj przed nazwami kraju lub miasta pomija się przedimek *das*, ale w pewnych kontekstach ma on swoje uzasadnienie. Na przykład: „*Das* heutige Italien hat Wirtschaftsprobleme." Końcówki *-ien*, *-land*, *-reich* lub *-stan* w nazwach krajów stanowią zawsze wyznacznik rodzaju nijakiego: Italien, Spanien, Deutschland, England, Österreich, Frankreich, Vereinigtes Königreich, Afghanistan, Pakistan.

W przeciwieństwie do przypadku krajów mających rodzaj nijaki, przed nazwami państw przyporządkowanych do rodzaju męskiego lub żeńskiego zawsze używa się rodzajnika określonego.

Kraje mające rodzaj żeński: die Schweiz, die Slowakei, die Türkei, die Mongolei, die Ukraine.

Kraje mające rodzaj męski: der Irak, der Iran, der Jemen, der Senegal, der Sudan, der Südsudan, der Niger, der Vatikan.

Z niewyjaśnionych względów nowo powstały kraj Kosowo ma zarówno rodzaj męski, jak i nijaki.[54] Podobny problem występuje w przypadku Omanu, który może być *der* (stosowany w Austrii, Szwajcarii i południowych Niemczech) lub *das*.

Rzeczownik oznaczający miasto (*die Stadt*) został przyporządkowany do rodzaju żeńskiego, natomiast kategoria Miasto obejmuje rzeczowniki o rodzaju nijakim. Tak jak widzieliśmy na powyższym przykładzie krajów w rodzaju nijakim, także w tym przypadku rodzaj nijaki ujawnia się dzięki przymiotnikowi: *das* geteilte Berlin. Mamy tu do czynienia z sytuacją, kiedy zasada kategorii rodzaju nijakiego (Zasada 1) okazuje się nadrzędna w stosunku do reguły domniemywania rodzaju na podstawie końcówki rzeczownika (Zasada 2). Na przykład powiemy „*das* mittelalterliche Hamburg", chociaż końcówka -*burg* wskazuje na rodzaj żeński: *die* Burg (od *die Festung, die Stadt*).

Podobna reguła rządzi nazwami kontynentów. Niemiecki rzeczownik „kontynent" jest rodzaju męskiego: *der Kontinent*, czyli synonim *der Erdteil* (wielka powierzchnia lądu). Jednakże nazwy samych kontynentów mają swoje własne rodzaje. *Arktis* i *Antarktis* są rodzaju żeńskiego, podczas gdy *Afrika*, *Amerika*, *Asien*, *Europa* i *Ozeanien* posiadają rodzaj nijaki. Rodzaj nijaki kontynentu ujawnia się za pomocą przymiotnika: „*das* ferne Asien" lub „*das* alte Europa". Tylko w przypadku kontynentów mających rodzaj żeński musimy posłużyć się rodzajnikiem określonym: „Wir besuchen *die* Arktis."

Ta sama reguła ma zastosowanie do nazw wysp. Rzeczownik „wyspa" jest rodzaju żeńskiego (die Insel), jednakże nazwy wysp, zwłaszcza jeśli są one równocześnie nazwami państw, przyjmują z reguły rodzaj nijaki: *das* schöne Mauritius, *das* kommunistische Kuba

Dzieci oraz potomstwo zwierząt[55]
das Baby, das Kind, das Kalb, das Kälbchen, das Ferkel, das Küken, das Lamm

Zdrobnienia (-*chen*, -*lein* i regionalne formy -*le*, -*erl*, -*el*, -*li*)
das Kaninchen, das Fräulein, das Aschenbrödel; Haus → das Häuschen, das Häuslein

Kawałki i małe cząstki
das Stück, das Teil, das Atom, das Molekül, das Elektron, das Neutron

Niemalże wszystkie spośród 112 znanych pierwiastków układu okresowego
das Aluminium, das Kupfer, das Uran (sześć wyjątków: der Kohlenstoff, der Sauerstoff, der Stickstoff, der Wasserstoff, der Phosphor, der Schwefel)

Nazwy metali
das Blei, das Messing (mosiądz), das Zinn
Wyjątki: die Bronze, der Stahl

Materiały
das Glas, das Holz

Ogień i woda
das Feuer, das Wasser

Trawa
das Gras, das Haschisch, das Marihuana, das Heu, das Viehfutter, das Kraut (zioło/nać/kapusta), das Unkraut (chwast)

Jednostki miary stosowane w fizyce
das Ampere, das Ohm, das Watt, das Volt, das Newton

Jednostki miary temperatury
das Celsius, das Fahrenheit, das Kelvin

Jednostki wagi
das Gewicht, das Pfund, das Kilogramm (o ile rzeczownik nie ma samogłoski -e przypisanej do rodzaju żeńskiego: *die Tonne*, *die Unze*)

Miara lub zakres czegoś, a także jednostka stosowana do pomiaru
das Mass (w znaczeniu ilość, stopień, miara, wymiar, doza, wskaźnik); z czego wynika *das Ausmass* (zakres lub rozmiar czegoś)

Tonacje muzyczne
das Dur (skala majorowa), das Moll (skala minorowa)

o Niektóre miejsca związane z muzyką: das Konzert, das Orchester, das Theater, das Ballett (ale *die* Oper, *die* Band)

o Niektóre instrumenty muzyczne o końcówce innej niż *-e:* das Cello, das Cembalo, das Klavier, das Piano

Ułamki
das Drittel (⅓), das Viertel (¼), das Quartal (wyjątek: die Hälfte); $^1/_{20}$ → das Zwanzigstel (W Szwajcarii wszystkie ułamki kończące się na *-tel* klasyfikuje się do rodzaju męskiego)

Książki/papier/dokumenty
das Wort, das Buch, das Papier, das Blatt, das Dokument, das Protokoll, das Kapitel

Dyscypliny sportowe i gry
o das Aerobic
o das Backgammon
o das Badminton
o das Bowling
o das Golf
o das Hockey
o das Jogging
o das Karate
o das Pilates
o das Poker
o das Schach (szachy)
o das Schwimmen
o das Squash
o das Tennis
o das Turnen (gimnastyka)
o das Yoga

Wyjątki: Rzeczowniki złożone kończące się na *der Ball* (takie jak *der Fussball*) lub *der Sport* (np. *der Motorsport, der Wassersport*).

Lekarstwa
das Medikament/das Heilmittel/das Arzneimittel → das Aspirin (nazwa rodzajowa)

Detergenty
das Waschmittel → das Ariel, das Omo, das Vim, das Persil

Nazwy hoteli, kawiarni, klubów, teatrów oraz kin
das Hilton, das Odeon

Wyrazy obce, które przeszły do języka niemieckiego, są zazwyczaj rodzaju nijakiego np. *das Know-how*. Wyjątki od tej reguły mogą się pojawić, gdy w języku istnieje już rzeczownik rodzimy określający dane słowo lecz w innym rodzajugramatycznym. Na przykład *die Holding*, spółka holdingowa, dla której istnieje już nazwa *die Firma/die Gesellschaft*.

Zasada 2: Dźwięki

-aar

das Haar, das Paar, ale *die Saar* – rzeka w Europie (zob. *Zasada 1: Kategorie*)

-är

das Militär, das Salär

-al

o das Denkmal
o das Festival

- o das Ideal
- o das Kapital
- o das Lokal
- o das Oval
- o das Pedal
- o das Personal
- o das Portal
- o das Schicksal
- o das Signal
- o das Spital
- o das Tal

Wyjątki: die Moral (słowo podobne do *die Ethik, die Sittlichkeit*), der Karneval (podobne do *der Fasching*), der Schal, der Kanal (podobne do *der Wasserlauf, der Wasserweg, der Sund*)

-at

- o das Aggregat (agregat/zespół urządzeń)
- o das Attentat
- o das Dekanat (dziekanat)
- o das Derivat
- o das Destillat
- o das Diktat
- o das Dirigat
- o das Duplikat
- o das Emirat
- o das Exponat (eksponat)
- o das Fabrikat (marka/wytworzony produkt)
- o das Filtrat
- o das Format
- o das Implantat (implant)
- o das Inserat (ogłoszenie)
- o das Internat (szkoła z internatem)
- o das Kalifat
- o das Kondensat

- o das Konglomerat
- o das Konkordat
- o das Konsulat
- o das Korrelat
- o das Laminat
- o das Lektorat (redakcja w wydawnictwie)
- o das Mandat
- o das Nitrat
- o das Opiat
- o das Phosphat
- o das Plagiat
- o das Plakat
- o das Postulat
- o das Proletariat/das Lumpenproletariat
- o das Protektorat
- o das Quadrat
- o das Referat
- o das Rektorat
- o das Syndikat
- o das Unikat (coś jednorazowego/wyjątkowego)
- o das Zertifikat
- o das Zitat

Wyjątkami rodzaju męskiego w grupie *-at* są rzeczowniki odnoszące się do mężczyzny, jego zawodu lub funkcji. Jeśli taki rzeczownik określałby kobietę w danej roli, miałby dodaną końcówkę *-in*:

- o der Advokat
- o der Akrobat
- o der Aristokrat
- o der Bürokrat
- o der Demokrat
- o der Diplomat
- o der Pirat
- o der Renegat
- o der Soldat

Wyjątkami są też rzeczowniki odnoszące się do maszyn, sprzętu, narzędzi:

o der Apparat
o der Automat
o der Thermostat (w tym przypadku możliwe jest także użycie rodzajnika *das*)

oraz liczne derywaty od rzeczownika *der Rat* (który pierwotnie odnosił się do wszelkiego rodzaju zaopatrzenia, ale obecnie oznacza poradę lub radę/zgromadzenie), takie jak *der Beirat* (zespół/ciało doradcze), *der Sicherheitsrat* (Rada Bezpieczeństwa), co również tłumaczyłoby rodzaj męski rzeczownika *der Senat* (rada starszych). Inne rzeczowniki rodzaju męskiego w tej kategorii obejmują: *der Hausrat* (meble lub sprzęty domowe), *der Vorrat* (zaopatrzenie, zapasy, zasoby) oraz *der Verrat* (zdrada, czyli coś, co wydaje się być przeciwieństwem uczciwego zabezpieczenia).

Wyjątki rodzaju żeńskiego w tej kategorii obejmują rzeczowniki kojarzące się z żeńskimi kategoriami, np. *die Kumquat* (owoce są najczęściej rodzaju żeńskiego), *die Tat* (ta sama kategoria co *die Aktion, die Handlung*), *die Zutat* (składnik; ponieważ rdzeń *Tat* ma rodzaj żeński), *die Heimat* (ojczyzna) oraz *die Heirat* (małżeństwo, czyli inny rodzaj świadczenia dla domu; ponadto *die Heirat* należy do tej samej kategorii rzeczowników rodzaju żeńskiego, co inne słowa powiązane z małżeństwem: *die Ehe, die Eheschliessung, die Hochzeit, die Trauung, die Verheiratung*).

-bot

o das Angebot (oferta)
o das Aufgebot (zespół/pobór do wojska)
o das Ausgehverbot (godzina policyjna/zakaz wychodzenia/areszt domowy)

o das Gebot (oferta/wymóg/nakaz/zasada)
o das Überangebot (nadpodaż)

Wyjątek: Informatyczny termin bot w języku niemieckim ma rodzajnik *der Bot*, ponieważ pochodzi od rzeczownika rodzaju męskiego *der Roboter*.

-eil

das Seil, das Urteil, das Gegenteil

Das Teil (*loses Stück* – luźny kawałek czegoś): das Puzzleteil, das Ersatzteil, das Einzelteil, das Oberteil, das Plastikteil, das Wrackteil

Der Teil (*Teil eines Ganzen* – integralna część jakieś całości): der Erdteil, der Landesteil, der Stadtteil, der Elternteil (rodzic), der Bestandteil, der (vordere/hintere) Zugteil, der Mittelteil (tak jak np. środkowa część książki)

-em

Rzeczowniki kończące się na *-em* i akcentowane na ostatnią sylabę są zazwyczaj zapożyczeniami z greki, co warunkuje ich rodzaj nijaki, np.

o das Diadem
o das Ekzem
o das Emblem
o das Extrem
o das Ödem
o das Phonem
o das Problem
o das System
o das Theorem.

Także poniższe rzeczowniki, w których akcent pada na pierwszą sylabę, mają rodzaj nijaki: das Modem, das Requiem, das Totem, das Tandem (rower z dwoma siedzeniami).

Jednak następujące rzeczowniki akcentowane na pierwszą sylabę są rodzaju męskiego: der Atem, der Harem, der Moslem.

-ett

Rzeczowniki kończące się na *-ett* są przyporządkowane do rodzaju nijakiego w 95 procentach przypadków[56], np.

o das Bajonett
o das Ballett
o das Bankett
o das Billett
o das Brikett
o das Büffett
o das Bukett
o das Duett
o das Eszett (litera ß)
o das Etikett
o das Flageolett
o das Florett
o das Flötenquartett
o das Flussbett
o das Inlett
o das Jackett
o das Kabarett
o das Kabinett
o das Kabriolett
o das Klosett
o das Kornett
o das Körperfett
o das Korsett
o das Kotelett
o das Kriegskabinett
o das Lazarett

- das Menuett
- das Minarett
- das Oktett
- das Omelett
- das Parkett
- das Quartett
- das Rechenbrett
- das Reissbrett
- das Roulett
- das Schachbrett
- das Servierbrett
- das Sextett
- das Skelett
- das Sonett
- das Spinett
- das Sprungbrett
- das Stilett
- das Surfbrett
- das Tablett
- das Violett
- das Zeichenbrett

-euer

das Feuer, das Abenteuer, das Ungeheuer

-fon/-phon

das Telefon, das Mikrophon, das Megaphon, das Grammophon, das Saxofon/Saxophon, das Xylofon/Xylophon

Ge-

Rzeczowniki rozpoczynające się od nieakcentowanej sylaby *Ge-*, które nie oznaczają osoby, są często rodzaju nijakiego, np. das Gehirn (mózg). Także rzeczowniki o następującej konstrukcji: *Ge-* + rdzeń czasownika + *-e* mają zawsze rodzaj nijaki: fragen → das Gefrage (pytania), bauen → das Gebäude, malen → das Gemälde, podobnie jak większość rzeczowników utworzonych w ten sposób od innych rzeczowników, np. (Berge → das Gebirge):

o das Gebäck
o das Gebäude
o das Gebell
o das Gebet
o das Gebiet
o das Gebirge
o das Gebiss (uzębienie/wędzidło dla konia/proteza dentystyczna)
o das Gedächtnis
o das Gedicht
o das Gefäss
o das Gefühl
o das Gehäuse
o das Geheimnis
o das Geheiss (*das Gebot*, na czyjeś żądanie lub polecenie)
o das Gehirn
o das Gejaule (wycie)
o das Gelaber (gadanina/przekomarzanie się/bełkotanie)
o das Gelächter (śmiech)
o das Gelage (biesiada/przyjęcie/hulanka/popijawa)
o das Gelände
o das Gelenk (staw — w znaczeniu anatomicznym)
o das Gemälde (obraz)
o das Gemäuer (mury/ściany/ruiny)
o das Gemenge
o das Gemetzel (krwawa łaźnia/rzeź/masakra)
o das Gemüse
o das Gemüt (usposobienie)
o das Genick
o das Gepäck
o das Gerangel (przepychanka/spór)
o das Gerät

- o das Geräusch
- o das Gerede
- o das Gericht
- o das Gerinnsel
- o das Gerippe
- o das Geröll
- o das Gerücht
- o das Gerümpel
- o das Gerüst
- o das Gesäss
- o das Geschäft
- o das Geschehen
- o das Geschenk
- o das Geschick
- o das Geschirr
- o das Geschlecht
- o das Geschöpf
- o das Geschoss
- o das Geschrei
- o das Geschütz
- o das Geschwader
- o das Geschwätz
- o das Geschwür
- o das Gesetz
- o das Gesicht
- o das Gesindel
- o das Gespenst
- o das Gespräch
- o das Gespür
- o das Gestein
- o das Gestell
- o das Gestirn
- o das Gestrüpp
- o das Gestüt
- o das Gesuch
- o das Getöse (huk/hałas/zgiełk)
- o das Getränk

- das Getreide
- das Getue
- das Gewächs
- das Gewand
- das Gewässer
- das Gewebe
- das Gewehr
- das Geweih
- das Gewerbe
- das Gewicht
- das Gewieher (rżenie/koński śmiech)
- das Gewinde (gwint)
- das Gewirr
- das Gewissen
- das Gewitter
- das Gewölbe
- das Gewühl
- das Gewürz

Wyjątki: Rzeczowniki rodzaju męskiego zaczynające się od *Ge-* częściej oznaczają pojęcia abstrakcyjne niż rzeczowniki rodzaju nijakiego zaczynające się od *Ge-*:

- der Gebrauch
- der Gedanke
- der Genuss
- der Geruch
- der Gesang
- der Geschmack
- der Gestank
- der Gewinn

Także rzeczowniki rodzaju żeńskiego zaczynające się od przedrostka *Ge-* wykazują większą tendencję w kierunku znaczenia abstrakcyjnego niż rzeczowniki rodzaju nijakiego zaczynające się od *Ge-*:

- o die Gebärde (gest; rzeczowniki oznaczające ruch są zwykle rodzaju żeńskiego)
- o die Gebühr (opłata; płatności i podatki mają rodzaj żeński)
- o die Geburt
- o die Geduld
- o die Gefahr
- o die Gemeinde
- o die Geschichte (historia; opowieści i akty mowy są rodzaju żeńskiego)
- o die Gestalt (forma/kształt lub postać)
- o die Gewähr (gwarancja)
- o die Gewalt (siła/władza lub przemoc)

-gramm

- o das Anagramm
- o das Autogramm
- o das Diagramm
- o das Hologramm
- o das Kilogramm
- o das Mikrogramm
- o das Milligramm
- o das Monogramm
- o das Parallelogramm
- o das Programm
- o das Seismogramm
- o das Telegramm

-ial

das Material, das Potenzial

-iel

- o das Beispiel (przykład)
- o das Endspiel (finał/rozgrywka finałowa)
- o das Glücksspiel (gra hazardowa/hazard)

- das Lustspiel (komedia)
- das Spiel (gra/mecz)
- das Trauerspiel (tragedia/nieszczęście)
- das Ziel (cel)

-ier

Rzeczowniki kończące się na *-ier* w 60 procentach przypadków są rodzaju nijakiego, w 30 procentach męskiego i 10 procentach żeńskiego.[57]

Jeśli rzeczownik kończący się na *-ier* nie odnosi się do osób, tak jak np. der Australier, der Bankier, der Brigadier ani konkretnych typów zwierząt, jak chociażby der Dinosaurier, der Stier, der Yorkshireterrier, ale nazywa rzeczy nieożywione lub kategorie rzeczy wyższego rzędu, wówczas końcówka *-ier* zazwyczaj wskazuje na rodzaj nijaki:

- das Atelier (pracownia)
- das Bier
- das Elixier
- das Klavier
- das Metier (zawód/fach)
- das Papier
- das Quartier
- das Tier
- das Turnier (turniej)
- das Visier (wizjer/celownik)

Fakt, że rodzaj żeński bywa domyślnie przypisywany rzeczownikom abstrakcyjnym, może wyjaśniać formę *die Gier* (chciwość, żądza, zachłanność). Innym rzadkim rzeczownikiem rodzaju żeńskiego kończącym się na *-ier* jest *die Feier* (uroczystość, obchody, święto).

-ing

Rzeczowniki zapożyczone z języka angielskiego z
końcówką *-ing* są przeważnie rodzaju nijakiego:

o das Babysitting
o das Bodybuilding
o das Bowling
o das Brainstorming
o das Branding
o das Camping
o das Controlling
o das Desktoppublishing
o das Doping
o das Dressing
o das Dribbling
o das Jogging
o das Lobbying
o das Marketing
o das Mobbing
o das Recycling
o das Stalking
o das Training

Wyjątki: Jeśli w języku niemieckim istnieje rzeczownik o
podobnym znaczeniu lub końcówce, wówczas zapożyczenie
przybiera rodzaj tego rzeczownika rodzimego.

Rzeczowniki rodzaju żeńskiego kończące się na *-ing*:

o die Holding (ta sama kategoria co *die Firma, die
Gesellschaft*)

Rzeczowniki rodzaju męskiego kończące się na *-ing*:

o der Boxring (posiada rodzaj męski z uwagi na końcówkę *der
Ring* oraz istniejący niemiecki synonim *der Kampfplatz*).

-ip

das Prinzip (oraz wiele złożeń z udziałem tego słowa: das Autoritätsprinzip, das Einteilungsprinzip, das Fertigungsprinzip, das Grundprinzip, das Kausalprinzip, das Lebensprinzip, das Leistungsprinzip, das Leitungsprinzip, das Majoritätsprinzip, das Moralprinzip, das Nützlichkeitsprinzip, das Ordnungsprinzip, das Prioritätsprinzip, das Relativitätsprinzip, das Sparsamkeitsprinzip)

-iv

- das Additiv
- das Adjektiv
- das Archiv
- das Leitmotiv
- das Motiv
- das Präservativ

Wyjątki: Przypadki gramatyczne oraz części mowy, ponieważ należą do kategorii *der Kasus*, *der Fall* mają rodzaj męski: der Nominativ, der Akkusativ, der Dativ, der Infinitiv, der Superlativ

-lein

(zdrobnienia są charakterystyczne dla barwnego, pełnego frazeologizmów stylu): das Bächlein, das Büchlein, das Fräulein, das Gänslein, das Knäblein, das Krüglein, das Männlein, das Scherflein, das Stiftsfräulein, das Stündlein, das Vöglein, das Zicklein, das Zünglein

-ld

das Bild, das Geld, das Gold, das Umfeld, das Spielfeld, das Erdölfeld, das Mittelfeld, das Spannungsfeld, das Trümmerfeld, das Magnetfeld, das Schild (ta sama kategoria co *das Plakat*), das Wild

Rodzaj męski: der Held, der Schild, der Sold, der Wald

Rodzaj żeński: die Geduld, die Schuld

-ma (końcówka pochodzi z języka greckiego)

o das Aroma
o das Charisma
o das Dilemma
o das Dogma
o das Drama
o das Klima
o das Koma (śpiączka)
o das Komma (przecinek)
o das Magma
o das Panorama
o das Paradigma
o das Plasma
o das Prisma
o das Schema
o das Sperma
o das Stigma
o das Thema
o das Trauma

Wyrazy bez greckiego źródłosłowu: das Karma, das Lama

Wyjątki: *die Firma* (ta sama kategoria co *die Gesellschaft*), *der Puma* (zwierzęta budzące grozę miewają zazwyczaj rodzaj męski)

-ment

W tej kategorii znajduje się wiele zapożyczeń, a wyrazy obce mają z reguły rodzaj nijaki:

o das Abonnement
o das Apartment
o das Argument
o das Departement
o das Dokument
o das Element
o das Equipment
o das Experiment
o das Fragment
o das Fundament
o das Instrument
o das Kompliment
o das Management
o das Medikament
o das Monument
o das Ornament
o das Parlament
o das Pergament
o das Pigment
o das Posament
o das Regiment
o das Reglement
o das Sakrament
o das Sediment
o das Segment
o das Sortiment
o das Statement
o das Temperament
o das Testament
o das Wealth Management

Wyjątki:

o der Konsument (konsument; w przeciwieństwie do wyżej
   wymienionych słów rodzaju nijakiego rzeczownik ten odnosi
   się do osoby)
o der Zement (ta sama kategoria co *der Sand, der Stein, der
   Beton, der Kiesel, der Kitt, der Klebstoff*)

-nis

Rzeczowniki z końcówką *-nis* posiadają rodzaj nijaki lub żeński

Rzeczowniki rodzaju żeńskiego kończące się na *-nis* nazywają
postawy, warunki lub bardziej abstrakcyjne pojęcia:

o die Bedrängnis (opresja; kategoria podobna do *die Angst, die
   Sorge* oraz innych stanów egzystencjalnych takich jak *die
   Armut*)
o die Befugnis (uprawnienie)
o die Bewandtnis (wyjątkowa
   cecha/właściwość/przymiot/stan/aspekt/wyróżnik)
o die Bitternis (gorycz/przykrość)
o die Empfängnis (poczęcie)
o die Erlaubnis (pozwolenie; w tej kategorii możemy także
   znaleźć zasady i ograniczenia: die Regelung, die Frist, die
   Limitierung, die Grenze, die Begrenzung, die Beschränkung)
o die Ersparnis (oszczędzanie lub oszczędności)
o die Fäulnis (zgnilizna/zepsucie)
o die Finsternis (ciemność/zaćmienie; podobna kategoria do
   die Dunkelheit, die Nacht)
o die Kenntnis (wiedza/świadomość; mądrość należy do
   żeńskiej kategorii)
o die Wildnis (rzeczowniki z kategorii Puszcza i polowanie
   mają rodzaj żeński, tak jak boginie myślistwa w wierzeniach
   starożytnych Greków i Rzymian)

Rzeczowniki rodzaju nijakiego kończące się na *-nis* odnoszą się

do nieco bardziej konkretnych zjawisk – wydarzeń/
konsekwencji/rzeczy fizycznych:

o das Ärgernis (utrapienie/przykrość)
o das Bedürfnis (potrzeba/konieczność)
o das Begräbnis (pogrzeb/pochówek)
o das Bekenntnis (uznanie/przyznanie się/wyznanie wiary)
o das Besäufnis (popijawa)
o das Bildnis (wizerunek/portret/podobizna)
o das Bündnis (alians/sojusz/przymierze)
o das Eingeständnis (wyznanie)
o das Ereignis (zdarzenie/incydent)
o das Ergebnis (wynik; także w kontekście działalności
  przedsiębiorstwa: das Betriebsergebnis)
o das Erlebnis (doświadczenie/przeżycie; także w znaczeniu
  nagłego olśnienia: das Aha-Erlebnis)
o das Erzeugnis (produkt)
o das Gedächtnis (pamięć/upamiętnienie; mózg jest również
  rodzaju nijakiego: das Gehirn)
o das Gefängnis (więzienie)
o das Geheimnis (podobna kategoria do *das Rätsel*, *das
  Mysterium*, *das Phänomen*, *das Wunder*)
o das Geständnis (wyznanie/przyznanie: podobna kategoria do
  das Bekenntnis, jw.)
o das Hemmnis (czasami bardziej dyskretny rodzaj
  przeszkody/bariery/trudności/utrudnienia)
o das Hindernis (czasami bardziej namacalny rodzaj
  przeszkody/bariery/trudności/utrudnienia)
o das Missverständnis (nieporozumienie)
o das Tennis (dyscyplinom sportu przypisuje się zwykle rodzaj
  nijaki)
o das Unverständnis (brak zrozumienia)
o das Verhältnis (np. *das Risiko-Rendite-Verhältnis*)
o das Verhängnis (przeznaczenie/fatum/zguba)
o das Verständnis (zrozumienie)
o das Verzeichnis (wykaz/katalog/spis)
o das Wagnis (ryzyko/śmiałe przedsięwzięcie/hazard)

o das Zerwürfnis (waśń/spór/rozłam)
o das Zeugnis (dowód/świadectwo/opinia)

-ol

Kategoria ta obejmuje wiele substancji chemicznych będących przeważnie rodzaju nijakiego, jak również często używane słowa *das Idol* oraz *das Symbol*, np.

o das Aerosol
o das Äthanol/Ethanol
o das Benzol
o das Cobol
o das Glykol
o das Idol
o das Menthol
o das Mol
o das Monopol
o das Phenol
o das Polystyrol
o das Sol (substancja chemiczna; rzymski bóg słońca miałby rodzajnik *der*)
o das Stanniol
o das Südtirol (nazwy krajów i regionów są przeważnie rodzaju nijakiego)
o das Symbol
o das Thymol
o das Tirol (nazwy krajów i regionów są przeważnie rodzaju nijakiego)
o das Toluol

Wyjątki:

o der Alkohol (choć substancjom chemicznym przypisuje się rodzaj nijaki, alkohol i napoje alkoholowe są najczęściej rodzaju męskiego)
o der Pirol (wilga; większe ptaki mają zwykle rodzaj męski)

o der Pol, der Nordpol, der Südpol, der Gegenpol (wskazania kompasu przyporządkowane zostały do rodzaju męskiego)

-om/-ym

o das Akronym
o das Atom
o das Axiom
o das Binom
o das Chromosom
o das Diplom
o das Enzym
o das Genom
o das Kondom
o das Metronom
o das Monom
o das Phantom
o das Polynom
o das Pseudonym
o das Symptom
o das Syndrom

-skop

o das Horoskop
o das Kaleidoskop
o das Mikroskop
o das Periskop
o das Stethoskop
o das Teleskop

-tum

o das Altertum
o das Analphabetentum (analfabetyzm)
o das Arboretum
o das Ausstellungsdatum

- das Bauerntum
- das Besitztum
- das Bevölkerungswachstum
- das Bistum
- das Brauchtum
- das Bürgertum
- das Christentum
- das Datum
- das Diktum
- das Eigentum
- das Erratum
- das Erzbistum
- das Erzherzogtum
- das Faktum
- das Fürstentum
- das Geldmengenwachstum
- das Gemeindeeigentum
- das Gewinnwachstum
- das Grossherzogtum
- das Grundeigentum
- das Haltbarkeitsdatum
- das Heidentum
- das Heiligtum
- das Heldentum
- das Herstelldatum
- das Importwachstum
- das Jahreswachstum
- das Judentum
- das Kaisertum
- das Kleinbürgertum
- das Kompositum (złożenie)
- das Künstlertum
- das Laientum
- das Lieferdatum
- das Mehrheitsvotum
- das Misstrauensvotum
- das Miteigentum

- das Mitläufertum
- das Mönchstum
- das Nullwachstum
- das Papsttum
- das Präteritum (czas przeszły)
- das Privateigentum
- das Quantum
- das Rektum
- das Scheichtum
- das Skrotum
- das Stadtbürgertum
- das Strebertum (kujoństwo)
- das Tagesdatum
- das Ultimatum
- das Unternehmertum
- das Verbrechertum
- das Verfalldatum
- das Vertrauensvotum
- das Volkstum
- das Votum
- das Wachstum
- das Wirtschaftswachstum
- das Zellwachstum
- das Zwittertum

Wyjątki:

- der Irrtum (ta sama kategoria co *der Fehler*)
- der Reichtum

-um (zwłaszcza jeśli rzeczownik jest latynizmem)

- das Album
- das Aquarium
- das Auditorium
- das Bakterium
- das Evangelium

o das Forum
o das Gymnasium
o das Impressum
o das Individuum
o das Jubiläum
o das Kriterium
o das Maximum
o das Minimum
o das Ministerium
o das Museum
o das Opium
o das Optimum
o das Pensum (obciążenie pracą lub wysiłkiem)
o das Podium
o das Publikum
o das Serum
o das Stadium
o das Studium
o das Vakuum
o das Visum
o das Zentrum

Wyjątek: der Konsum (ta sama kategoria co *der Verbrauch*).

-werk

Złożenia utworzone z *das Werk*:

o das Atomkraftwerk
o das Bauwerk
o das Bollwerk
o das Braunkohlekraftwerk
o das Breitbandnetzwerk
o das Computernetzwerk
o das Dampfkraftwerk
o das Datennetzwerk
o das Diskettenlaufwerk

o das Erdwärmekraftwerk
o das Feuerwerk
o das Gaskraftwerk
o das Gaswerk
o das Gedankenwerk
o das Gemeinschaftswerk
o das Gewerk (fach lub rzemiosło)
o das Glaswerk
o das Handwerk
o das Hauptwerk
o das Hilfswerk
o das Kraftwerk
o das Kunstwerk
o das Laufwerk
o das Meisterwerk
o das Metallwerk
o das Nachschlagewerk
o das Netzwerk
o das Orchesterwerk
o das Sammelwerk
o das Stahlwerk
o das Standardwerk
o das Stockwerk
o das Strahltriebwerk
o das Wasserwerk
o das Windkraftwerk
o das Wunderwerk

-yl

o das Acryl
o das Asyl (azyl; rzeczownik pochodzi z greki i jako zapożyczenie otrzymał rodzaj nijaki)
o das Vinyl

-zept

- das Konzept
- das Rezept

-zeug

- das Zeug
- das Fahrzeug
- das Flugzeug
- das Kampfflugzeug
- das Militärflugzeug
- das Passagierflugzeug
- das Schreibzeug
- das Silberzeug
- das Spielzeug
- das Werkzeug

Jeden z dwóch rodzajów

W przypadkach, kiedy rzeczowniki wykazują powiązanie tylko z dwoma spośród trzech rodzajów, istnieje większe prawdopodobieństwo, że uda się przyporządkować im poprawny rodzaj.

Rodzaj męski lub nijaki

Rzeczowniki kończące się dwiema spółgłoskami takimi jak -*ck*, -*tz* lub -*ss* przyporządkowane są zazwyczaj rodzajowi męskiemu lub nijakiemu, o ile nie mają końcówki -*ness* (np. die Fitness, die Wellness).

Sposób na rozpoznanie, czy dany rzeczownik w tej kategorii jest rodzaju męskiego czy nijakiego, polega na przypisaniu rodzaju nijakiego rzeczownikom zaczynającym się na *G*- lub *Ge*-.

-ck

Rodzaj męski: der Blick, der Dreck, der Druck, der Fleck, der Geck, der Klick, der Knick (zagięcie/zakręt/odkształcenie/zagniecenie), der Lack (lakier), der Rock, der Schluck, der Speck, der Trick, der Zweck

Rodzaj nijaki: das Dreieck (trójkąt), das Stück, das Comeback, das Feedback (słowa zapożyczone są na ogół rodzaju nijakiego); słowa zaczynające się na przedrostek *Ge*- wykazują tendencję do rodzaju nijakiego: das Gebäck, das Genick (kark), das Gepäck, das Glück

-eer

das Heer (armia), das Meer (morze), der Lorbeer (laur/liść laurowy), der Teer (smoła), der Speer (włócznia), der Eritreer (Erytrejczyk)

-isch

Rzeczowniki rodzaju męskiego kończące się na -*isch*: der Fisch, der Tisch, der Fetisch

Grupa rzeczowników rodzaju nijakiego kończących się na -*isch* zawiera nazwy języków, a języki jako kategoria są na ogół rodzaju nijakiego: *das Arabisch, das Englisch, das Spanisch*

-kt

Rodzaj męski: der Affekt (afekt, emocja), der Akt, der Architekt, der Aspekt, der Defekt, der Dialekt, der Effekt, der Infarkt, der Infekt, der Instinkt, der Intellekt, der Katarakt (wodospad), der Konflikt, der Kontakt, der Kontrakt, der Markt, der Pakt, der Prospekt, der Punkt, der Respekt, der Sekt, der Takt, der Trakt

Rodzaj nijaki: das Artefakt, das Delikt, das Edikt, das Konfekt, das Insekt, das Konstrukt, das Objekt, das Perfekt (czas przeszły dokonany; pojęciom gramatycznym zostaje zazwyczaj przypisany rodzaj nijaki), das Projekt, das Produkt, das Relikt, das Subjekt, das Verdikt (ta sama kategoria co *das Urteil*)

Wyjątek rodzaju żeńskiego: *die* Katarakt (katarakta oka; nie mylić z *der* Katarakt, wodospadem).

-o

Rzeczowniki kończące się na -*o* są zwykle rodzaju nijakiego lub męskiego.

Przykłady (rodzaj nijaki):

Słowa pochodzące z greki (zapożyczeniom najczęściej zostaje nadany rodzaj nijaki):
das Auto, das Kino, das Kilo, das Deo, das Trio, das Ego, das Foto,[58] das Echo, das Logo, das Mikro, das Makro

Słowa pochodzące z łaciny: das Video, das Credo/Kredo, das Neutrino, das Memo

Słowa pochodzące z języka francuskiego: das Abo (od *das Abonnement*), das Bistro, das Büro, das Cabrio, das Karo, das Portfolio, das Rokoko, das Rollo

Słowa pochodzące z języka włoskiego: das Solo, das Duo, das Manko, das Tempo, das Motto, das Fresko, das Studio, das Ghetto, das Piano, das Kasino, das Konto, das Veto, das Lotto, das Porto, das Intermezzo, das Inferno, das Libretto, das Risiko, das Rondo, das Fiasko, das Inkasso, das Kommando, das Szenario, das Intro (ścieżka dźwiękowa otwierająca album muzyczny)

Słowa pochodzące z języka angielskiego: das Banjo, das Ufo, das Shampoo, das Bingo, das Placebo

Słowa pochodzące z języka hiszpańskiego: das Embargo, das Lasso, das Eldorado

Nazwy języków z końcówką *-o* (języki są z reguły rodzaju nijakiego): das Esperanto

Instrumenty muzyczne kończące się na *-o*: das Cello, das Cembalo, das Piano

Dyscypliny sportowe kończące się na *-o* mające rodzaj nijaki: das Judo, das Polo, das Rodeo

Nazwy krajów rodzaju nijakiego kończące się na -o: (das alte) Montenegro, (das alte) Marokko, (das alte) Monaco, (das alte) Mexiko

Wyjątki (rzeczowniki rodzaju męskiego kończące się na -o):

o der Bolero (wiele tańców ma rodzaj męski)
o der Cappuccino (napoje są na ogół rodzaju męskiego)
o der Dingo (ta sama kategoria co *der Hund*)
o der Dynamo (większość urządzeń mechanicznych posiada rodzaj męski)
o der Embryo (ta sama kategoria co *der Fetus*, *der Keim*)
o der Eskimo
o der Espresso (napoje są zwykle rodzaju męskiego)
o der Euro (wiele nazw walut jest rodzaju męskiego)
o der Fango (błoto o leczniczych właściwościach; rzeczowniki należące do kategorii Ziemia są przyporządkowane do rodzaju męskiego)
o der Flamenco (tańce mają zwykle rodzaj męski)
o der Flamingo (większe ptaki posiadają zazwyczaj rodzaj męski)
o der Gigolo
o der Gusto (ta sama kategoria co *der Geschmack*)
o der Kakao (napoje są zwykle rodzaju męskiego)
o der Macho
o der Mungo (mangusta)
o der Oregano (przyprawy są na ogół rodzaju męskiego)
o der Pluto (kategoria Ciała niebieskie obejmuje głównie rzeczowniki rodzaju męskiego)
o der Porno (jest to skrót od *der Pornofilm*)
o der Saldo (ta sama kategoria co *der Betrag*, *der Kontostand*)
o der Salto (należy do tej samej kategorii co *der Überschlag*)
o der Schirokko (rodzaj wiatru)
o der Sombrero (ta sama kategoria co *der Hut*)
o der Tacho (prędkościomierz; większość maszyn i przyrządów jest rodzaju męskiego)

o der Tango (tańce są na ogół rodzaju męskiego)
o der Torero (torreador)
o der Tornado (różnym rodzajom wiatru przypisuje się zwykle rodzaj męski)
o der Torpedo (większość maszyn jest rodzaju męskiego)
o der Torso (ta sama kategoria co *der Oberkörper*)
o der Trafo (transformator; większość maszyn jest rodzaju męskiego)
o der Zoo (ta sama kategoria co *der Tiergarten*).

Wyjątki rodzaju żeńskiego: die Demo, die Disko, die Limo, die Info (ponieważ są skrótami od *die Demonstration, die Diskothek, die Limousine, die Information*); die Uno/UNO, die NATO, die NGO (ponieważ O oznacza *die Organisation*); die Avocado, die Mango (owoce są zwykle rodzaju żeńskiego); die Libido

-os

To typowa końcówka wyróżniająca wiele rzeczowników rodzaju męskiego zapożyczonych z greki, takich jak chociażby imię Dionizosa – greckiego boga wina. Jednakże kiedy greckie rzeczowniki z końcówką *-os* przenikną do języka niemieckiego, mogą zachować rodzaj męski (*der Kosmos, der Mythos*) lub przyjąć rodzaj nijaki na wzór większości zapożyczeń (*das Chaos, das Pathos*). Warto więc zauważyć, że niemieckie rzeczowniki z końcówką *-os* nie są raczej kojarzone z rodzajem żeńskim.

-tz

der Blitz, der Schlitz, der Sitz, der Witz, der Platz, der Satz

Rodzaj żeński lub męski

-mut

Rzeczowniki kończące się na *-mut* mogą mieć przyporządkowany każdy z trzech rodzajów, przy czym wyrazy oznaczające pojęcia abstrakcyjne w przeważającej mierze są żeńskie lub męskie. Abstrakcyjne rzeczowniki rodzaju męskiego zwykle odnoszą się do bardziej agresywnych cech, podczas gdy rzeczowniki rodzaju żeńskiego wskazują na większy stopień uległości[59].

o die Armut (bieda)
o die Demut (pokora)
o die Langmut (cierpliwość)
o die Sanftmut (potulność)
o die Schwermut (przygnębienie)
o die Wehmut (melancholia)

ale:

o der Mut (odwaga)
o der Freimut (szczerość)
o der Hochmut (pycha)
o der Missmut (zniechęcenie)
o der Übermut (zarozumiałość)
o der Unmut (niechęć)
o der Wagemut (śmiałość)

Rzeczowniki opisujące świat fizyczny przynależą zwykle do rodzaju nijakiego, stąd *das Bismut* (pierwiastek chemiczny).

Podwójne spółgłoski

Rzeczowniki kończące się podwójną spółgłoską mogą mieć rodzaj męski, nijaki lub żeński. Połączenie *Zasad 1 i 2* czasami pomaga domyślić się ich rodzaju. Dlatego też krótkie, jednosylabowe rzeczowniki są z reguły rodzaju męskiego, o ile nie odnoszą się do rzeczownika mającego końcówkę typową dla innego rodzaju gramatycznego lub też nie należą do kategorii rzeczowników, która skupia słowa o innym rodzaju.

Rodzaj męski: der Ball, der Drall, der Drill, der Fall, der Hall, der Müll, der Zoll, der Griff, der Stoff, der Damm, der Schlamm, der Sinn, der Tipp, der Biss, der Griess, der Gruss, der Fluss, der Frass (jedzenie złej jakości), der Fuss, der Kloss, der Kuss, der Pass, der Russ, der Spass, der Schweiss, der Spiess, der Strauss, der Schluss, der Schuss, der Stoss, der Schoss, der Fleiss, der Ritt, der Tritt

Rodzaj nijaki: das Ass (as), das Fass (beczka), das Kinn (podbródek), das Fell (sierść), das Schiff (ta sama kategoria co *das Boot*), das Kaff, das Bett, das Brett, das Fett (rzeczowniki kończące się na *-ett* w 95% przypadków mają rodzaj nijaki), das Lamm (zdrobnienia są z reguły rodzaju nijakiego), das Schloss, das Mass, das Floss, das Gefäss, das Gesäss, das Geschoss (słowa zaczynające się na *Ge-* są zwykle rodzaju nijakiego), das Edelweiss (końcówka wyrazu oznacza kolor, a kolory są przeważnie rodzaju nijakiego).

Rodzaj żeński: die Nuss (owoce i orzechy bywają zazwyczaj rodzaju żeńskiego), die Null (liczby mają rodzaj żeński), die Nachtigall (mniejsze ptaki są najczęściej rodzaju żeńskiego), die Geiss (koza)

Rzeczowniki mające więcej niż jeden rodzaj

Do niewielkiego ułamka rzeczowników w języku niemieckim można przyporządkować więcej niż jeden rodzaj. Zjawisko to czasami wynika z regionalnych preferencji. Na przykład w północnych Niemczech *E-Mail* zalicza się do rzeczowników rodzaju żeńskiego, ponieważ pochodzi z tej samej kategorii co *die Post*. Natomiast w południowych Niemczech, Austrii i Szwajcarii uznano, że skoro jest to słowo obcego pochodzenia, poprawna forma powinna brzmieć *das E-Mail*.

Inny przykład stanowi rzeczownik *App*. Według niektórych użytkowników języka oprogramowanie aplikacyjne ma rodzaj żeński, ponieważ to skrót od *die Applikation*; inni z kolei uważają, że skoro słowo należy do tej samej kategorii co *das Programm*, powinno zostać przyporządkowane do rodzaju nijakiego. Z tego powodu spotykamy się zarówno z *die App*, jak i *das App*.

Jako że rozwój języka jest procesem dynamicznym, z pewnością z czasem nastąpią przesunięcia w zakresie rodzaju danych rzeczowników. Zjawisko to znalazło swoje odzwierciedlenie w słowniku *Duden Fremdwörterbuch*, w którym, pomiędzy wydaniami z 1960 i 1997 roku, odnotowano 199 zmian rodzajów rzeczowników.[60]

Najczęściej spotykamy się z równoczesnym występowaniem rodzaju męskiego i nijakiego danego rzeczownika. Za wyborem rodzaju nijakiego zazwyczaj przemawia fakt, że słowo zostało zapożyczonego z innego języka:

o der/das Aquädukt (pochodzi z łaciny, co skłaniałoby do wyboru rodzaju nijakiego)

o der/das Barock (odnosi się do sztuki, muzyki lub epoki
  baroku; fakt zapożyczenia z języka francuskiego
  sugerowałby rodzaj nijaki)
o der/das Biotop (zapożyczenie z języka greckiego, stąd rodzaj
  nijaki)
o der/das Bonbon (zapożyczenie z języka francuskiego)
o der/das Dotter (żółtko jaja; synonim *das Eigelb*, więc
  przynależność do tej samej kategorii daje podstawy do
  wyboru rodzaju nijakiego)
o der/das Drittel (Niemcy mówią *das*, Szwajcarzy zaś *der*)
o der/das Dschungel (z jednej strony przynależność do tej
  samej kategorii co *der Urwald*, z drugiej zaś pochodzenie od
  jungle, co uzasadnia wybór rodzajnika *das*)
o der/das Extrakt (oznacza to samo co *der Auszug* i *das
  Konzentrat*)
o der/das Fakt (pochodzi od *das Faktum*)
o der/das Gelee
o der/das Iglu
o der/das Indigo
o der/das Joga/Yoga
o der/das Kehricht
o der/das Kosovo (wyjątkowy przypadek kraju z dwoma
  rodzajami; patrz także „Oman" poniżej)
o der/das Liter (Szwajcarzy wolą rodzajnik *der*)
o der/das Link
o der/das Log-in/Login
o der/das Match (Niemcy stosują rodzajnik *das*, ponieważ to
  synonim *das Spiel*; Szwajcarzy natomiast używają *der*, jako
  że oznacza również *der Wettkampf*)
o der/das Marzipan (zazwyczaj *das*, ale w Austrii może być
  również *der*)
o der/das Meter
o der/das Nougat/Nugat
o der/das Oman (*der* preferowany w Austrii, Szwajcarii i
  południowych Niemczech)
o der/das Perron
o der/das Piment

o der/das Pontifikat
o der/das Purpur (szkarłatny/purpurowy)
o der/das Pyjama (Niemcy preferują rodzajnik *der* z uwagi na pokrewieństwo znaczeniowe z *der Schlafanzug*; Austriacy i Szwajcarzy z kolei optują za *das*, gdyż rzeczowniki kończące się na *-ma* są zwykle rodzaju nijakiego)
o der/das Radio (w południowych Niemczech, Austrii i Szwajcarii przeważa użycie *der*, ponieważ słowo należy do tej samej kategorii co *der Rundfunk*)
o der/das Scan
o der/das Silo
o der/das Spagat
o der/das Storno
o der/das Tattoo
o der/das Teil (*der Teil* = integralna część jakiejś całości, tak jak w *der Stadtteil*; *das Teil* = luźny kawałek czegoś, nawet jeśli kiedyś stanowił część całości; synonim *das Stück*)
o der/das Techno
o der/das Terminal
o der/das Thermometer (Austriacy i Szwajcarzy wolą rodzajnik *der* z powodu związku rzeczownika z *der Meter*, ale Niemcy używają *das*, uzasadniając to faktem, że jednostki pomiaru temperatury są rodzaju nijakiego, jak np. *das Celsius, das Fahrenheit, das Kelvin*)
o der/das Thermostat
o der/das Viadukt
o der/das Virus (w techniczno-naukowym kontekście preferuje się użycie *das*)
o der/das Volleyball

Na drugim miejscu plasuje się kombinacja rodzaju męskiego i żeńskiego:

o der/die Abscheu (słowo oznaczające obrzydzenie, odrazę; ma swoje korzenie w *die Scheu*, nieśmiałość. Jednakże pierwotnie rzeczownik *Abscheu* przejawiał tendencję do przyjmowania rodzaju męskiego, co dowodzi, że rodzaj

niektórych słów może ulegać zmianom na przestrzeni wieków)
- o der/die Fussel (kłaczki na ubraniu)
- o der/die Mambo (taniec latynoamerykański; tańce często mają rodzaj męski)
- o der/die Oblast (obwód/obłast)
- o der/die Python (choć rzeczowniki kończące się na *-on* z reguły mają rodzaj męski, pyton należy do tej samej kategorii co *die Schlange*)
- o der/die Samba (taniec latynoamerykański; końcówka *-a* częściej pojawia się przy rzeczownikach rodzaju żeńskiego, ale tańce należą do kategorii rzeczowników rodzaju męskiego)
- o der/die Salbei (szałwia, roślina/zioło; przyprawy mają zazwyczaj rodzaj męski, ale z kolei końcówka *-ei* wyróżnia rzeczowniki rodzaju żeńskiego)
- o der/die Sellerie (warzywa są zwykle rodzaju męskiego, o ile nie kończą się na *-e*)

W następnej kolejności występują rzeczowniki mające rodzaj zarówno żeński, jak i nijaki:

- o die/das Aerobic (*die Übung* lub *das Fitnesstraining*)
- o die App (die Applikation), das App (das Programm)
- o die Cola (północne Niemcy) lub *das Cola* (w Austrii, Szwajcarii i południowych Niemczech)
- o die/das Consommé (zapożyczenie z języka francuskiego, ale z końcówką *-e*, która charakteryzuje rzeczowniki rodzaju żeńskiego)
- o die E-mail (północne Niemcy) lub *das E-mail* (Austria, Szwajcaria i południowe Niemcy)
- o die/das Foto (występują oba rodzaje, ponieważ pierwotne słowo to *die Fotografie*, a z kolei rzeczowniki kończące się na *-o* są najczęściej rodzaju nijakiego)
- o die/das Furore (zapożyczenie z języka włoskiego, co uzasadnia rodzaj nijaki, a równocześnie pojawia się

końcówka -*e*, która zdecydowanie wskazuje na formę żeńską)

o die/das SMS (Niemcy wolą rodzajnik *die*, ponieważ SMS stanowi skrót od *die Kurznachricht*, podczas gdy Austriacy i Szwajcarzy preferują *das*, jako że zapożyczeniom przypisuje się rodzaj nijaki)

o die/das Tram (w znacznej części Niemiec *Tram* jest uznawane za skrót od *die Trambahn*, co warunkowałoby rodzaj żeński, ale w niektórych obszarach południowych Niemiec oraz w Szwajcarii istnieje przekonanie, że słowo ma pochodzenie zagraniczne i wywodzi się od „tramcar" lub „tramway", stąd wybór pada na rodzaj nijaki)

Jest bardzo mała grupa rzeczowników, które mają każdy z trzech rodzajów:

o der/die/das Bookmark
o der/die/das Dingsbums (wihajster/ustrojstwo)
o der/die/das Joghurt
o der/die/das Spam
o der/die/das Triangel

Trzeba mieć na względzie, że sporadycznie zmiana rodzaju danego rzeczownika pociąga za sobą zupełną zmianę jego znaczenia i w tych przypadkach należy umieć dokładnie rozróżniać obie formy. Na szczęście zjawisko to zachodzi tylko w nielicznych rzeczownikach:

o der Appendix (w odniesieniu do książki), die Appendix (w odniesieniu do budowy anatomicznej)
o der Band (książka w twardej oprawie), die Band (grupa muzyczna), das Band (taśma)
o der Katarakt (wodospad), die Katarakt (zaćma)
o der Kiwi (ptak), die Kiwi (owoc)
o der Kristall (minerał), das Kristall (przedmiot wykonany z kryształu)

o der Lama (duchowny nauczyciel w buddyzmie), das Lama (zwierzę)
o das Laster (wada), der Laster (ciężarówka)
o der Mast (maszt), die Mast (tuczenie)
o der Moment (moment/chwila/ułamek sekundy), das Moment (pęd/moment obrotowy/czynnik)
o die See (morze), der See (jezioro)
o das Tor (wrota, drzwi lub bramka), der Tor (głupiec)
o der Verdienst (zarobki), das Verdienst (zasługa)

Rzeczowniki bez rodzaju

Istnieją też takierzeczowniki, które nie mają rodzaju. Do tej grupy należą:

o AIDS
o Allerheiligen (Uroczystość Wszystkich Świętych; w Europe Zachodniej przypadająca na pierwszy dzień listopada)

Brak rodzaju gramatycznego rzeczownika nie jest tym samym, co świadome zrezygnowanie z rodzajnika określonego w przypadku, kiedy dany rzeczownik ten rodzaj ma.

Zasady odnoszące się do opuszczania rodzajnika określonego są podobne w języku angielskim i niemieckim. Również w języku polskim możemy powiedzieć: „Chcę wody", pomijając rodzajnik określony, podobnie jak w niemieckim zrezygnowalibyśmy z *das* przed *Wasser*. Sytuacja analogiczna ma miejsce, kiedy używamy rzeczowników zbiorowych lub czynimy uogólnienia, jak chociażby w zwrocie „Konieczna jest mądrość". Tylko wtedy dodajemy rodzajnik określony, gdy chcemy być bardzo szczegółowi: „Konieczna jest mądrość Salomona" lub „Chcę zimnej wody". Tak samo w języku niemieckim *der*, *die*, *das* dodają precyzji wypowiedzi.

Indeks i test sprawdzający

Aby odgadnąć rodzaj niemieckich rzeczowników, trzeba znać rodzaj wiążący się z danymi kategoriami i dźwiękami. Dlatego też poniższy indeks może posłużyć Czytelnikowi jako test sprawdzający przyswojenie tej zasady. Każda pozycja wymaga bowiem udzielenia odpowiedzi na pytanie: Na jaki rodzaj gramatyczny wskazuje dane słowo?

Przypisy

[1] *Duden – Deutsches Universalwörterbuch*, Mannheim 2015. Na podstawie analizy około 100 000 rzeczowników wymienionych w podanej pozycji.

[2] *Duden – Deutches Universalwörterbuch* [CD-ROM], Mannheim 2015. Na podstawie analizy komputerowej około 16 milionów haseł (tj. słów powtórzonych wraz z ich wszelkimi możliwymi przypadkami) stanowiących bazę danych komputerowego słownika języka niemieckiego.

[3] H. Dreyer, R. Schmitt, *A Practice Grammar of German*, wyd. Hueber Verlag, 2010.

[4] M. Twain, *The Awful German Language*, w: *A Tramp Abroad*, Appendix D, London: Chatto & Windus, 1880.

[5] K.M. Köpcke, *Untersuchungen zum Genussystem der deutschen Gegenwartssprache*, Tübingen: Max Niemeyer Verlag, 1982, s. 1. Wzmiankowany autor powołuje się na czterech ówczesnych ekspertów językowych, żeby potwierdzić swoje twierdzenie.

[6] Tamże. K.M. Köpcke ściśle współpracował także z Davidem Zubinem i razem opublikowali wiele studiów, m.in.: zob. K.M. Köpcke, D.A. Zubin, *Sechs Prinzipien für die Genuszuweisung im Deutschen: Ein Beitrag zur natürlichen Klassifikation*, „Linguistische Berichte" 1984, nr 93, s. 26-50; zob. K.M. Köpcke, D.A. Zubin, *Gender: A less than arbitrary grammatical category*, w: *Papers from the seventeenth regional meeting, Chicago Linguistic Society*, ed. M.F. Miller, R.A. Hendrick, C.A. Masek, Chicago: Chicago Linguistic Society, 1981, s. 439-449; zob. K.M. Köpcke, D.A. Zubin, *Affect classification in the German gender system*, „Lingua" 1984, nr 63, s. 41-96; zob. D.A Zubin, K.M. Köpcke, *Gender and folk-taxonomy: The indexical relation between grammatical gender and lexical categorization*, w: *Noun classes and categorization*, ed. C.G. Craik, Eugene: John Benjamins Publishing Company, 1983, s. 139-180.

[7] Przywoływane w tym paragrafie informacje na temat wieku, w którym dzieci będące rodowitymi Niemcami przyswajają sobie znajomość rodzaju w języku niemieckim, zostały zaczerpnięte z: A.E. Mills, *The Acquisition of Gender: A Study of English and German*, Berlin: Springer-Verlag, 1986.

[8] D. Krohn, K. Krohn, *Der, das, die - oder wie? Studien zum Genuserwerb schwedischer Deutschlerner*, Frankfurt: Peter Lang, 2008, s. 107; K.M. Köpcke, D.A. Zubin, *Genus*, w: „Deutsche Morphologie", 2009, nr 1, 2009, s. 137. Köpcke wspomina wyniki czterech takich oddzielnych eksperymentów.

[9] Wyjątki można często wyjaśnić znajomością innych kategorii lub odniesieniem do *Zasady 2: Dźwięków*. Zobacz na przykład rozdział poświęcony rzeczownikom rodzaju nijakiego, aby dowiedzieć się, skąd wynika *das Bier* oraz *das Wasser*.

[10] Zob. *Duden – Deutsches Universalwörterbuch*, Mannheim 2015.

[11] Przywoływane w tym paragrafie informacje na temat wieku, w którym dzieci będące rodowitymi Niemcami przyswajają sobie znajomość rodzaju w języku niemieckim, zostały zaczerpnięte z prac wymienionych w dziele: A.E. Mills, *The Acquisition of Gender: A Study of English and German*, Berlin: Springer-Verlag, 1986.

[12] Zob. tekst grecki i łaciński w: K. Brugmann, *Das Nominalgeschlecht in den Indogermanischen Sprachen*, „Techmers Internationaler Zeitschrift für allgemeine Sprachwissenschaft" 1889, nr 4, s. 100-109; przedr. ed. H. Sieburg, *Sprache–Genus/Sexus*, Frankfurt: Peter Lang, 1997, s. 33-43.

[13] Ta hipoteza została poddana dyskusji w: K.M. Köpcke, D.A. Zubin, *Sechs Prinzipien für die Genuszuweisung im Deutschen: Ein Beitrag zur natürlichen Klassifikation*, w: „Linguistische Berichte" 1984, nr 93, s. 26-50. Przedr. tamże, s. 101-107.

[14] Podane dane procentowe pochodzą z Tabeli 2.7: *Niektóre zasady fonetyczne dotyczące nadawania rodzaju gramatycznego w języku niemieckim* zamieszczonej w: A.E. Mills, *The Acquisition of Gender: A Study of English and German*, Berlin: Springer-Verlag, 1986, s. 33.

[15] K.M. Köpcke, *Untersuchungen zum Genussystem der deutschen Gegenwartssprache*, „Linguistische Arbeiten" 1982, nr 122; tenże,

Funktionale Untersuchungen zur deutschen Nominal- und Verbalmorphologie, „Linguistische Arbeiten" 1994, nr 319; K.M. Köpcke, D.A. Zubin, *Genus*, w: „ Deutsche Morphologie", 2009, nr 1, s. 137.

[16] Zamiast postrzegać *das Atelier* jako element tej samej kategorii co *das Haus*, można też skojarzyć ten rzeczownik z *die Wohnung* i będzie to w pełni uzasadnione. Niemniej jednak spowoduje to zignorowanie końcówki *-ier* sygnalizującej rodzaj nijaki, a także fakt pochodzenia z języka francuskiego.

[17] Ta hipoteza została poddana dyskusji w: K.M. Köpcke, D.A. Zubin, *Sechs Prinzipien für die Genuszuweisung im Deutschen: Ein Beitrag zur natürlichen Klassifikation*, w: „Linguistische Berichte" 1984, nr 93, s. 26-50. Przedr. w: ed. H. Sieburg, *Sprache–Genus/Sexus*, Frankfurt: Peter Lang, 1997, s. 97-98.

[18] Mamy tu do czynienia z innym relatywnie rzadkim przypadkiem, gdy wyrazy bliskoznaczne nie dzielą jednego rodzaju: z jednej strony istnieje *der Swimmingpool*, z drugiej zaś *das Schwimmbad*.

[19] Wiedząc o tym, że rzeczowniki kończące się na *-horn* przeważnie są wyrażane przez rodzajnik nijaki, a więc *das Matterhorn*, a rzeczowniki kończące się na *-e* są w przeważającej mierze rodzaju żeńskiego, nie powinno dziwić, że nazwy gór kończące się na *-e* są także rodzaju żeńskie, np. *die Wildspitze*.

[20] Dla wyjaśnienia nietypowego *das Bier*, zob. fragment odnoszący się do rzeczowników zakończonych na *-ier* w rozdziale dotyczącym rzeczowników rodzaju nijakiego.

[21] Niektórym nazwom tańców można przypisać więcej niż jeden rodzaj, stąd *der/die Mambo, der/die Rumba, der/die Samba*.

[22] Pomimo że wyraz *Gag* został zapożyczony z języka angielskiego powinien być rodzaju nijakiego, lecz dzięki końcówce *-ag* otrzymał rodzaj męski: *der Gag*. Innego przykładu dostarcza rzeczownik *der Lag* pochodzący od angielskiego „lag"; stąd wynika, że końcówka *-ag* silnie determinuje rodzaj męski.

[23] Por. hasło „kraje" w rozdziale dotyczącym rzeczowników rodzaju nijakiego wyjaśniające, kiedy posługiwać się rodzajnikiem *das* w

połączeniu z krajem o rodzaju nijakim, ponieważ rodzajnik zwykle bywa pomijany przed nazwami państw.

[24] W Austrii można również użyć rodzajnika żeńskiego *der Marzipan*.

[25] Rzeczowniki rozpoczynające się na *Ge-* w przeważającej mierze są rodzaju nijakiego, tutaj jednakże mamy do czynienia z rzadkim wyjątkiem od tej reguły, bowiem końcówka *-ang* determinuje ich rodzaj męski. Można zatem wywnioskować, że *-ang* musi być silną męską końcówką.

[26] Zapożyczenia są zwykle rodzaju nijakiego lub nadaje im się rodzaj ich niemieckojęzycznych synonimów. Rzeczownik *der Toast* w znaczeniu „grzanka" nie zachowuje żadnej z tej reguł, natomiast jeśli odnosi się do krótkiej przemowy towarzyszącej uniesieniu kieliszka z alkoholem, wygłoszonej w celu złożenia życzeń, wówczas rodzaj męski tego rzeczownika odpowiada rodzajowi jego słowa bliskoznacznego *der Trinkspruch*.

[27] H. Wegener, *Die Nominalflexion des Deutschen – verstanden als Lerngegenstand*, Tübingen: Max Niemeyer Verlag, 1995, s. 75.

[28] Tamże, s. 75.

[29] W języku niemieckim formę bezokolicznika rozpoznaje się po końcówce *-en*, tak jak np. w *spielen* (grać/bawić się). Spróbujmy teraz przekształcić czasownik *spielen* w rzeczownik. Jeśli chcemy, aby oznaczał „uczestnictwo w zabawie", jak np. w zdaniu „zabawa stanowi ważny element programu przedszkola", wówczas słowo to powinno zostać napisane wielką literą, tj. *Spielen*, aby zaznaczyć, że stało się rzeczownikiem. Rzeczowniki utworzone w ten sposób od czasownika są przeważnie rodzaju nijakiego: *das Spielen*. Zasada ta pozwala odgadnąć prawidłowy rodzaj wielu rzeczowników, które powstały zgodnie z powyższą metodą. Natomiast jeśli dany rzeczownik kończy się na *-en* i w sposób oczywisty nie pochodzi od czasownika, jak np. *Kindergarten*, wówczas istnieje duże prawdopodobieństwo, że został mu przypisany rodzaj męski, ponieważ większość rzeczowników zakończonych na *-en* i nieutworzonych od czasownika jest rodzaju męskiego, stąd też w tym przypadku mamy *der Kindergarten*.

[30] Rzeczowniki kończące się na -*ment* wykazują tendencję do tworzenia rodzaju nijakiego; więcej na ten temat można znaleźć w rozdziale poświęconym rzeczownikom rodzaju nijakiego.

[31] Więcej na temat końcówki -*ier* można znaleźć w rozdziale poświęconym rzeczownikom o rodzaju nijakim.

[32] Tamże, s.75.

[33] Tamże.

[34] Rzeczownika *Butter*, wyglądającego jak przykład wyrazu rodzaju męskiego, w niektórych dialektach w południowo-zachodniej części Niemiec rzeczywiście używa się z rodzajnikiem *der*. Zob. S. Bastian, *Der Butter, die Huhn, das Teller*, „Zwiebelfisch" [online], 23 sierpnia 2006. Dostępny w internecie: <http://www.spiegel.de/kultur/zwiebelfisch/zwiebelfisch-der-butter-die-huhn-das-teller-a-432890.html>.

[35] H. Wegener, dz. cyt., s. 75.

[36] Tamże.

[37] Tamże.

[38] Rzeczowniki kończące się na -*ur* posiadają zwykle rodzaj żeński; zobacz hasło -*ur* w rozdziale o rzeczownikach rodzaju żeńskiego.

[39] Dane procentowe odnoszące się do rzeczowników zakończonych na -*ich* uzyskano na podstawie Tabeli 2.7: *Niektóre zasady fonetyczne dotyczące nadawania rodzaju gramatycznego w języku*, w: A.E. Mills, *The Acquisition of Gender: A Study of English and German*, Berlin: Springer-Verlag, 1986, s. 33.

[40] K.M. Köpcke, *Untersuchungen zum Genussystem der deutschen Gegenwartssprache*, Tübingen: Max Niemeyer Verlag, 1982.

[41] Zobacz hasło dotyczące rzeczowników zakończonych na -*ing* w rozdziale poświęconym rzeczownikom rodzaju nijakiego.

[42] Zob. np. K.M. Köpcke, *Untersuchungen...*, dz. cyt. i tenże, *Genus*, dz. cyt., s. 136. Można tam znaleźć więcej informacji na temat literatury przedmiotu.

[43] Znaczenie lub rodzaj inne niż w przypadku *das Wort.*

[44] Wyjątki obejmują m.in. *das Klavier*, ponieważ rzeczowniki nieżywotne o końcówce *-ier* są zwykle rodzaju nijakiego, tak jak w przypadku *das Bier*, *das Papier*; oznacza to także, że synonim *Klavier – das Piano*, będzie rodzaju nijakiego. Jeśli natomiast weźmiemy pod uwagę wyraz *Saxophon*, to zauważymy, że rzeczowniki kończące się na grecką końcówkę fleksyjną *-on*, jak np. *phon*, posiadają zazwyczaj rodzaj nijaki.

[45] Omówione w: K.M, Köpcke, D.A. Zubin, *Sechs Prinzipien...*, dz. cyt., s. 26-50. Przedr. w: ed. H. Sieburg, *Sprache ...*, dz.cyt., s. 97-98.

[46] Podane dane procentowe pochodzą z Tabeli 2.7: *Niektóre zasady fonetyczne dotyczące nadawania rodzaju gramatycznego w języku niemieckim* zamieszczonej w: A.E. Mills, *The Acquisition of Gender...*, dz. cyt., s. 33.

[47] H.Wegener, dz. cyt., s. 75.

[48] Tamże, s. 75.

[49] Por. hasło „jednostki pomiaru temperatury" w rozdziale poświęconym rzeczownikom rodzaju nijakiego.

[50] Podane dane procentowe pochodzą z Tabeli 2.7: *Niektóre zasady fonetyczne dotyczące nadawania rodzaju gramatycznego w języku niemieckim* zamieszczonej w: A.E. Mills, *The Acquisition of Gender...*, dz. cyt., s. 33.

[51] Tamże.

[52] Rzeczowniki zakończone na *-eur*, jeśli odnoszą się do zawodu, funkcji lub zajęcia, posiadają przeważnie rodzaj męski. Więcej szczegółów na ten temat zamieszczono w haśle *-eur* w rozdziale poświęconym rzeczownikom rodzaju męskiego.

[53] Dane procentowe dotyczące rzeczowników kończących się na *-ur* oraz *-ür* pochodzą z Tabeli 2.7: *Niektóre zasady fonetyczne dotyczące*

nadawania rodzaju gramatycznego w języku niemieckim zamieszczonej
w: A.E. Mills, *The Acquisition of Gender...*, dz. cyt., s. 33.

[54] Według badania internetowego przeprowadzonego w połowie 2017
roku, istnieje przewaga 6:4 w częstotliwości użycia formy *der* Kosovo
nad *das* Kosovo.

[55] Co ciekawe, „szczeniak" jest rodzaju męskiego – *der Welpe*.

[56] Dane procentowe dotyczące rzeczowników z końcówką *-ett* pochodzą
z Tabeli 2.7: *Niektóre zasady fonetyczne dotyczące nadawania rodzaju
gramatycznego w języku niemieckim* zamieszczonej w: A.E. Mills, *The
Acquisition of Gender...*, dz. cyt., s. 33.

[57] Dane procentowe dotyczące rzeczowników z końcówką *–ett* pochodzą
z Tabeli 2.7: *Niektóre zasady fonetyczne dotyczące nadawania rodzaju
gramatycznego w języku niemieckim* zamieszczonej w: A.E. Mills, *The
Acquisition of Gender...*, dz. cyt., s. 33.

[58] Spotykamy się także z formą *die Foto*, ponieważ pierwotne słowo
brzmi *die Fotografie*.

[59] Ta hipoteza została poddana dyskusji w: K.M. Köpcke, D.A. Zubin,
Sechs Prinzipien..., dz. cyt., s. 26-50, a następnie przedrukowanym w:
ed. H. Sieburg, *Sprache ...*, dz. cyt., s. 101-107.

[60] M. Schulte-Beckhausen, *Genusschwankung bei englischen,
französischen, italienischen und spanischen Lehnwörtern im Deutschen:
Eine Untersuchung auf der Grundlage deutscher Wörterbücher seit 1945*,
Frankfurt: Verlag Peter Lang, 2001, s. 223.

www.ingramcontent.com/pod-product-compliance
Lightning Source LLC
Chambersburg PA
CBHW020354130626
46549CB00006B/2287